반드시 단번에 통과되는

# 2024 정부지원사업 공략집

반드시 단번에 통과되는
# 2024 정부지원사업 공략집

**초판 발행** 2023년 11월
**지은이** 박준규
**책임편집** 오혜교
**디자인** 다롱팩토리
**펴낸곳** OHK
**출판신고** 2018년 11월 27일 제 2018-000084호
**주소** 경기도 파주시 회동길 219 2층
**전화** 1800-9386
**이메일** soaprecord@gmail.com

ISBN: 979-11-92293-81-3(13320)

이 책은 저작권법에 따라 보호받는 저작물이므로 무단전재와 무단복제를 금지하며,
이 책 내용의 전부 또는 일부를 이용하려면 반드시 저작권자와 OHK의
서면동의를 받아야 합니다.

살아남는 사업, 폐지되는 사업

## 2024년 중기부 예산을 따내는 핵심 공략법 공개!

# 반드시 단번에 통과되는 2024 정부지원사업 공략집

**2024 정부지원사업 합격공식 전격 공개**

**2023 정부지원사업 핵심 요약**

박준규 지음

ohk

## 들어가며

윤석열 정부가 결국 칼을 빼들었다. 2024년 R&D 예산을 전년 대비 16.6% 삭감하기로 한 것이다. 이러한 정부 정책에 각 산업별 이해관계자들은 반대의 목소리가 거세지고 있다. 전국공무원노동조합 농촌진흥청지부는 성명서를 내며 "미래 농업을 포기하는 정부의 R&D 예산 삭감을 규탄한다"고 했고, 11개 대학 총학생회와 기초과학 학회 등에서는 '공동행동' 등 반발 성명서를 제출했다.

민간에서뿐만 아니라 정부 내에서도 규탄의 목소리가 나오고 있다. 국회예산정책처는 2024년 R&D 예산안을 두고 "과도한 삭감으로 연구 현장의 예측 가능성을 저해할 수 있다"며 적절성 검토를 요청했다.

하지만 기업인들 입장에서는 정부의 예산 삭감 정책을 두고 한숨만 쉬고 있을 수는 없다. 당장 내년의 먹을거리가 줄어든 상황에서 어떤 지원제도가 우리 기업에 득이 될 것이며, 또 현재 지원받고 있는 제도가 내년에도 과연 존속할 수 있을지를 정확히 알고, 대처하는 것이 순서일 것이다.

**2024년 R&D 지원사업의 방향을 읽자**

2023년 상반기에 출간한 〈창업 7년차 잘나가는 기업의 비밀〉에서는 정부지원사업의 내용을 모르는 기업인들을 위해 그 기초적인 내용을 풀어서 썼다. 하지만 올해 급격하게 변화된 정부지원사업의 흐름을 보며 내년도 상황이 크게 바뀔 것이라는 확신이 들었고, 필자가 알아본 바에 의하면 실제로 이러한 흐름이 감지되고 있는 상태다. 2024년의 정부지원사업에서는 어떤 사업이 살아남고, 또 어떤 사업이 새로 정부지원을 받을 수 있을까? 이 점이 궁금한 분들이라면 이 책을 들고 미리 내년도 사업을 준비하면 좋을 듯하다. 실제로 이번 책 〈2024 정부지원사업 공략집〉에서는 올해 정부 R&D 사업의 내용뿐만 아니라 2024년 지속 가능성이 높은 정책을 내 나름의 기준을 가지고 일별했다. 실제로 적지 않은 정부예산을 지원받는 이들이라면, 이 책을 통해 내년도 지원사업의 방향과 기준을 알고, 구체적으로 대응할 수 있을 것이라고 생각된다.

미국의 고금리 정책이 지속되면서 우리나라 또한 그 영향권에서 벗어나지 못하고 있고, 수출 위주의 중소기업들의 경영환경은 날로 어려워지고 있다. 이런 상황에서 기업 대표들이 조금 더 현명하게 정부지원사업을 활용하고, 또 이를 통해 기업 성장의 발판을 만들 수 있다면 더없이 기쁠 것 같다.

2023년 민행24 대전 사무실에서
박준규

# 2024년도 정부지원사업 예상 시나리오

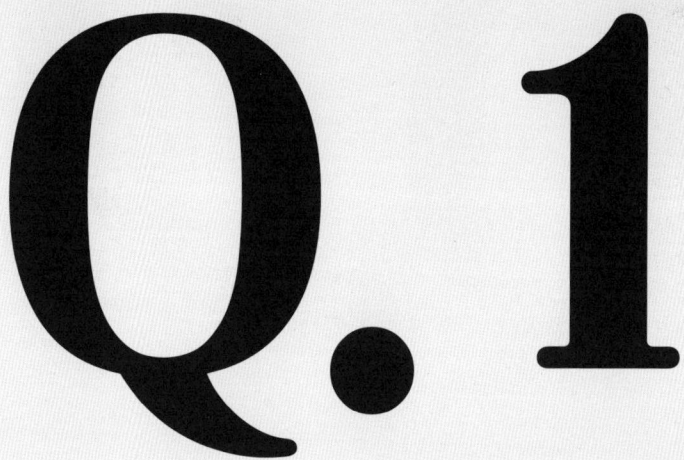

### 전체 예산 줄어들까, 늘어날까?

줄어들 것으로 보인다.

23년 2.04조원
→ '24년 약 1.6조 원(약 20% 하락 예상)

R&D 부문 '23년 1.76조원
→ '24년 약 1조원(약 26% 하락 예상)

비R&D 부문 '23년 2,749억원
→ '24년 약 2,918억원 6% 상승 예상)

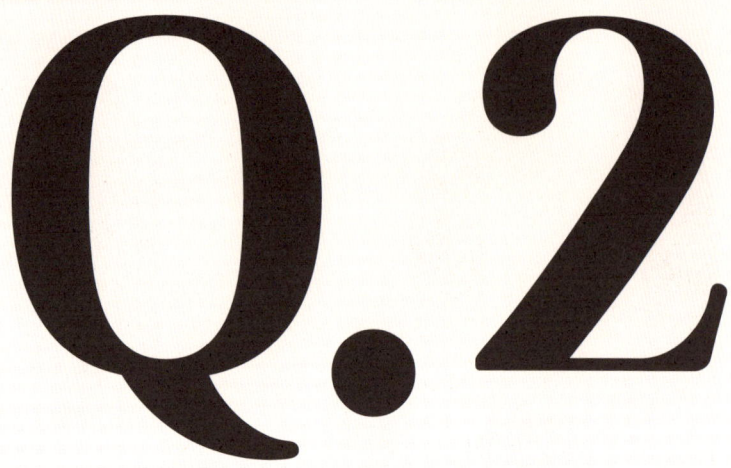

## R&D 파트에서 살아남는 사업은 얼마나 될까?

**약 11개 사업이 살아남게 될 것으로 보인다.**

정부는 2024년 총 13개 사업에
약 1조 3208억 가량(기후기금 4개 제외)를 집행할 것으로 보인다.
이는 전년대비 약 25.4%가 감액된 수준이다.
사업수로 살펴보더라도 전체 24개의 사업이 진행되어 종료되거나
폐지된 사업수가 34개에 달한다.

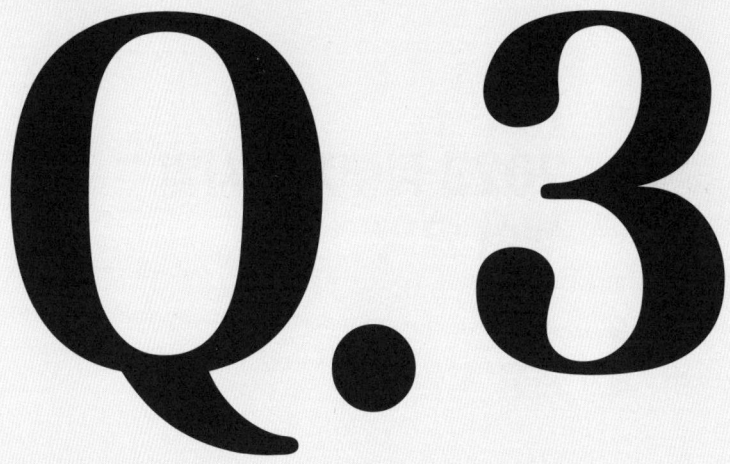

## 전체 예산 줄어들까, 늘어날까?

줄어들 것으로 보인다.

**중소기업 지원의 경우**
금융 지원과 기술개발 지원, 인력 지원, 판로 지원, 수출 지원, 여성, 장애인, 지역기업 지원 등으로 나뉜다.

**기술개발 파트**
기술개발지원, 기술개발 역량강화 및 인프라지원, 스마트공장 보급확산 및 기술유출 방지 등이 해당된다.

**창업기업의 경우**
아이디어 기술창업 지원, 창업지원 인프라 등이 해당한다.

**소상공인의 경우**
판로지원과 각종 금융보증 지원 등이 해당한다.

# 1부.
# 2023 정부지원사업 핵심 요약

## PART 1 금융 지원

| | |
|---|---|
| 정책자금 지원 시 공통 사항 | 18 |
| 혁신창업사업화자금 | 29 |
| 신성장기반자금 | 33 |
| 긴급경영안정자금 | 36 |
| 신시장진출지원자금 | 42 |
| 수출기업글로벌화 자금 | 46 |
| 정책자금 이차보전 | 49 |
| 중소기업 매출채권팩토링 | 53 |

## PART 2 기술개발 지원

| | |
|---|---|
| 구매조건부신제품개발사업 | 60 |
| 네트워크형 기술개발사업 | 64 |
| 공정·품질 기술개발사업 | 68 |
| Tech-Bridge활용 상용화기술개발 | 73 |
| 리빙랩 활용 기술개발 지원 | 76 |
| 건강기능식품 개발 지원사업 | 80 |
| 혁신제품 고도화 기술개발사업 | 84 |
| 연구장비활용 바우처 지원사업 | 87 |
| 중소벤처기업 구조혁신 R&D 지원 | 90 |
| 소상공인 스마트기술 육성 R&D | 94 |

# 2부.
# 2024 정부지원사업 미리 들여다보기

## PART 1  2024년 정부지원사업 예산안의 특징

2024년도 중기부 예산안 기본방향 … 100

## PART 2  2024년 정부지원 대표 사업 세부 내용

창업성장기술개발(약 20억) … 116
중소기업기술혁신개발(약 16억) … 125
중소기업상용화기술개발(약 64억) … 132
스마트제조혁신기술개발(약 35억) … 139
중소기업연구인력지원(약 4억) … 142
산학연 콜라보 R&D(약 40억) … 152
중소기업기술정보진흥원 기획평가관리비(약 20억) … 156
K-바이오 랩허브 구축사업(약 30억) … 160

## 부록

중소 기업이 알아두면 좋은 제도 … 168

# 1부.
# 2023 정부지원사업 핵심 요약

PART **1**
## 금융 지원

정책자금 지원 시 공통 사항
혁신창업사업화자금
신성장기반자금
긴급경영안정자금
신시장진출지원자금
수출기업글로벌화 자금
정책자금 이차보전
중소기업 매출채권팩토링

# 정책자금 지원 시 공통 사항

**박준규 행정사의 원포인트 해설**

정부에서 지원해주는 정책자금은 기업의 사업상의 자금 조달 목적을 돕기 위한 것으로 정책자금 신청시 융자대상 및 절차, 융자제한기업, 융자시기 등 공통적으로 적용되는 사항이 있으니 미리 알아두는 것이 중요합니다.

### 우리 회사는 중소기업이 맞을까?

정책자금은 중소기업만 지원이 가능하다. '중소기업기본법'상의 중소기업의 정의에 부합되어야 하며 정부에서는 다음의 중점 지원분야 영위 기업에 대해서는 연간 예산의 일정 부분을 우선 지원하고 있다.

*중점지원분야

혁신성장분야, 초격차·신산업분야, 그린분야, 비대면분야, 뿌리산업, 뿌리기술, 소재·부품·장비 산업, 지역특화(주력)산업, 지역신산업 지식서비스산업, 융복합 및 프랜차이즈산업, 물류산업, 유망소비재산업

*중점지원분야는 중소벤처기업진흥공단 홈페이지 (www.kosmes.or.kr) → 알림광장 → 공지사항 참고

### 지원 내용

정부는 시설자금과 운전자금으로 구분하여 융자하며, 각

사업의 목적에 따라 자금용도 및 융자범위를 구분하여 지원하고 있다. 개별기업당 융자한도는 중소벤처기업부 소관 정책자금의 융자잔액과 신규대출 예정잔액을 합산하여 60억원(수도권을 제외한 지방소재기업은 70억원)이다. 잔액기준 한도 예외 적용의 경우에도, 최대 100억원 이내에서 지원한다.

정책자금 기준금리(분기별 변동금리)는 자금종류, 신용위험등급, 담보종류, 우대조건에 따라 가감하고 있는데, 분기별 대출금리(기준금리)는 중소벤처기업진흥공단 홈페이지(www.kosmes.or.kr)에 공지하고 있다.

*금리의 특징
1) 시설자금 대출시 자금별 대출 금리에서 0.3%p 차감
2) 정책적 우대기업, 자금조달 취약계층, 성과창출 기업 등에 최대 0.5%p 금리우대

- 소·부·장 강소기업 100·스타트업 100·경쟁력위원회 추천기업, 초격차 스타트업 1000+ 프로젝트 선정 기업 0.1%p
- 사회적경제기업 및 여성기업 0.1%p
- 성과창출 실적 보유 기업에 대출시 각 성과별 0.1%p, 최대 0.3%p까지 대출금리 인하

3) '고용증가 + 수출향상 + 탄소저감' 등 대출건당 최대 3개 유형에 대해 금리인하 적용 가능 (단, 청년전용창업, 무역조정, 재해자금 등에 대해서는 고정금리 적용)
- 정책자금 신청 직전월 12개월 전 대비 직전월 고용인원이 10명 이상 증가한 기업
- 정책자금 신청 직전월부터 12개월간 직수출실적 합계가 50만불 이상이고 이전 12개월간 합계 대비 20% 이상 증가한 기업
- '탄소중립 수준진단' 연계대출 신청 기업 중 진단일

직전 전연도 대비 직전연도 온실가스배출원단위를 4.17% 이상 감축한 탄소감축 우수기업

**융자 방식**

중진공이 직접 기업에 정책자금 융자(직접대출) 또는 은행을 통해 기업에 정책자금 융자(대리대출)로 신용, 담보부 대출을 해준다. 단, 보증서 담보는 재창업자금 중 신용회복위원회 재창업지원 및 금융기관을 통한 대리대출에 대해서만 취급 가능하다.

**융자 절차**

① **온라인 상담예약** 상담예약 → 자가진단

▼

② **상담** 대면 또는 비대면 정책자금 상담

▼

③ **정책우선도 평가** 신청가능여부 결정

④ **온라인 융자신청** 신청서 제출

⑤ **기업심사** 현장방문 방식 또는 비대면 방식

⑥ **융자결정** 지원가능여부 및 지원금액 결정

⑦ **대출** 직접대출, 대리대출 성장공유형

⑧ **사후관리** 자금사용 용도 점검, 사업계획 멘토링 등

**접수 방법**

①온라인 상담예약: 신청 희망기업은 홈페이지(www.kosmes.or.kr)를 통해 상담일자를 예약하고 신청대상 여부 등을 자가진단한다.

- 신청 희망기업은 사전에 온라인 상담예약을 완료해야 하며, 특별재난지역에 소재한 재해중소기업은 온라인 상담예약 생략 가능하다.
- 자가진단을 허위로 작성한 기업은 확인한 날로부터 1년간 정책자금 신청이 제한된다.

②상담: 온라인 상담예약을 완료한 기업은 해당 지역본(지)부와 융자신청 가능성 등을 상담한다. 특히 대면상담은 중진공 지역본(지)부에 직접 방문하여 상담하며, 비대면 상담 대상기업은 유무선 통화로 상담하게 된다.

③정책우선도 평가: 중진공은 상담을 완료한 기업에 대해 '정책우선도 평가'를 통해 자금 신청기회 부여 여부가 결정된다. 정책우선도 평가는 그린분야, 혁신성장분야, 지역주력산업, 고용창출, 성과공유, 수출 등을 고려하여 평가한다.

④온라인 융자신청: 정책자금 신청이 가능한 기업은 정해진 기한까지 중진공 홈페이지를 통해 정책자금 융자신청서를 제출한다. 신용대출 또는 담보대출 조건으로 신청이 가능하며, 보증서는 취급 불가(단, 보증서 담보는 재창업자금 중 신용회복위원회 재창업지원 및 금융기관을 통한 대리대출에 대해서만 취급 가능)하다.

⑤기업심사: 중진공은 현장방문 또는 비대면 방식으로 정책자금 신청기업에 대해 기업평가(기업진단 포함)를 수행한다.

**심사평가 내용**

기술성, 사업성, 미래성장성, 경영능력, 사업계획의 타당성 등을 종합평가하여 기업평가등급(rating)을 산정한다. 기업의 상황 등 필요성을 고려하여 기업진단 수행를 결정한다. 기업평가 결과 이후 일정 평가등급 또는 일정 기준 이상인 기업을 대상으로 융자 여부를 결정하게 된다. 이때 고용창출 및 수출실적 등을 기업평가 지표에 반영하여 우대하기도 한다.

### 대출 방식
중진공이 직접 기업에 대출하거나 기업이 지정한 금융기관을 통해 대출한다. 직접대출의 경우 중진공이 직접 기업에 정책자금을 융자하고, 대리대출의 경우 은행을 통해 기업에 정책자금 융자한다.

### *대리대출 취급 은행(15개)
경남, 광주, 국민, 대구, 부산, 신한, 우리, 전북, 제주, 하나, SC제일, 기업, 산업, 농협(중앙회), 수협(중앙회)

만약 부당한 사용여부 점검 또는 정책자금 부실예방을 위해 대출기업에 관련 자료를 요청하거나 현장방문 조사를 실시할 수도 있다. 대출자금의 용도 외 사용 시 자금 조기회수, 융자대상 제외 등 제재조치가 있으니 조심하자.

**지원이 안 되는 기업**
- 주된 사업의 업종이 융자제외 대상 업종에 해당하는 경우
- 융자제한기업에 해당하는 경우
- 최근 3년 이내 사업장 임대 등 정책자금 지원시설의 목적 외 사용
- 최근 1년 이내 약속어음 감축특약 미이행
- 최근 3년 이내 중소벤처기업부 소관 정부 연구개발비의 위법 또는 부당한 사용으로 지원금 환수 등 제재조치 된 기업

**민행24의 팁**

▶ 기술사업성 평가등급을 기본등급으로 하고, 신용위험등급은 등급조정으로 활용하여 재무 등 신용위험 비중 반영을 최소화한다.

▶ 업력 3년 미만 기업은 기술사업성평가로 기업평가등급 산정하게 된다.

▶ 재창업자금은 업력 1년미만 기업은 역량평가와 심의위원회 평가를 합산하여 기업평가등급을 산정하고, 업력 1년 이상 기업은 기술사업성 평가로 산정한다는 점 참고하자.

▶ 청년전용창업자금은 창업자 역량평가와 청년창업 심의위원회 평가를 합산하여 산정한다.

▶ 재창업자금 중 '신용회복위원회 재창업지원' 대출은 별도 기준으로 운영한다.

▶ 최근 3개년 동안 연속하여 고용증가한 일자리 창출 기업, 소재·부품·장비 강소기업 100·스타트업 100·경쟁력위원회 추천기업의 경우, 별도 기준으로 평가 가능하다.

# 혁신창업
# 사업화자금

**박준규 행정사의 원포인트 해설**

성장 가능성이 있는 사업 비전을 가지고 있지만 자금이 없어 창업을 못하는 이들을 위한 제도입니다. 시중 은행보다 원금 상환기간이 길다는 메리트가 있으며, 자금 걱정 없이 사업을 키울 수 있습니다. 사업이 처음인 분들이라면, 높은 한도와 낮은 금리인 이 제도를 활용하면 큰 도움을 얻을 수 있습니다.

### 어떤 사업일까?

기술력과 사업성은 우수하나 자금력이 부족한 중소·벤처기업의 창업을 활성화하고 우수 기술을 사업화하는 중소기업 육성 제도이다. 「중소기업창업 지원법」 제2조에 따른 창업자(업력 7년 미만, 예비창업자 포함)이며, 동법 제25조에 따른 신산업 창업 분야의 중소기업은 사업 개시일로부터 10년 이내인 기업이 해당된다.

### 융자 범위

시설자금의 경우 생산, 정보화 촉진, 유통·물류, 생산환경 개선 등에 필요한 기계장비의 구입에 필요한 자금이나 자가 사업장 확보를 위한 토지 구입비·건축 자금 등이 해당된다(경공매 포함). 자가 사업장 매입자금은 기업당 3년 이내 1회로 지원 한정된다.

운전자금도 지원받을 수 있다. 원부자재 구입, 제품의 생산, 시장 개척, 기술 개발, 인건비 등 기업 경영 활동에 소요되는 자금이 이에 해당한다. 약속어음 폐지·감축을 위해 대금 지급방식을 현금지급 방식으로 전환하는데 필요한 비용도 지원받을 수 있다.

**민행24의 팁**

**Q.** 1987년에 개인사업자로 자동차부품제조업을 시작 후 2019년에 법인기업으로 전환한 기업이 있다. 창업한 지 7년 미만의 업체가 신청할 수 있는 자금이 혁신창업사업화자금이라고 하는데 신청이 안 된다고 하는데, 그 이유는 무엇일까?

**A.** 중소기업창업지원법상 창업이라 함은 "새로이 중소기업을 설립하는 것"으로 다음에 해당되지 않아야 한다.
①타인으로부터 사업을 승계하여 승계전의 사업과 동종의 사업을 계속하는 경우
②개인사업자인 중소기업자가 법인으로 전환하거나 법인의 조직변경 등 기업의 형태를 변경하여 변경전의 사업과 동종의 사업을 계속하는 경우
③폐업 후 사업을 개시하여 폐업전의 사업과 동종의 사업을 계속하는 경우 개인사업자가 사업을 영위하다가 포괄양수도를 통해 법인으로 전환하고 개인사업자를 폐업하는 것은 중소기업창업지원법시행령 제2조제1항제2호의 "개인사업자가 법인으로 전환하여 동종의 사업을 개시하는 경우"에 해당되므로 창업에 해당되지 않는다.

# 신성장기반자금

**박준규 행정사의 원포인트 해설**

지원 규모가 무려 1조 원 이상 책정돼 있는 대형 사업입니다. 업력 7년 이상의 중소기업 중 최근 3년 이내 시설을 도입한 기업, 그리고 한중FTA 관련 지원 업종을 영위하는 중소기업이 지원대상이 됩니다. 스마트공장을 추진하는 제조업이라면 꼭 신청할 필요가 있죠.

### 어떤 사업일까?

사업성과 기술성이 우수한 성장유망 중소기업의 생산성 향상, 고부가가치화 등 경쟁력 강화에 필요한 자금을 지원하는 제도이다. 혁신성장지원, Net-Zero 유망기업 지원, 제조현장스마트화, 스케일업금융으로 구분해서 지원하고 있다.

### 자금 지원 내용은?

시설자금의 경우 생산, 정보화 촉진, 유통·물류, 생산환경 개선 등에 필요한 기계장비의 구입에 필요한 자금을 지원한다. 자가 사업장 확보를 위한 토지 구입비·건축 자금을 지원하기도 한다.

운전자금의 경우 시설자금을 대출받은 기업 중 시설 도입 후 소요되는 초기가동비만 지원(시설자금의 50%이내)하는데, '23년 상반기의 경우 한시적으로 시설자금과 별도로 운전자금 지원이 가능하다.

**대출 한도?**

직접·대리 대출은 연간 100억 원 이내, 운전자금은 연간 10억 원 이내이다. 다만 이차보전은 중점지원분야와 최근 1년간 수출실적이 10만 달러 이상인 기업은 3%, 그 외 업종은 2%이다. 만약 이차보전율이 대출금리보다 크거나 같다면, 이차보전율은 대출금리 수준으로 조정된다.

# 긴급경영안정자금

★★★★★

**박준규 행정사의 원포인트 해설**

대부분의 정책자금이 채무 보증을 통한 간접 대출 방식인데 반해, 경영안정자금은 중소벤처기업진흥공단에서 직접 대출해주는 것으로 비교적 낮은 금리 조건으로 이용할 수 있는 것이 특징입니다.

### 어떤 사업일까?

경영애로 해소 등 긴급한 자금소요를 지원하여 중소기업의 안정적인 경영기반 조성하기 위한 자금이다. 긴급경영안정자금(재해중소기업지원), 긴급경영안정자금(일시적경영애로)으로 구분된다. '재해 중소기업 지원지침(중소벤처기업부 고시)'에 따라 '자연재난' 및 '사회재난'으로 피해를 입은 중소기업이 해당되는데 시장·군수·구청장 또는 읍·면·동장이 발급한 '재해중소기업 확인증'을 제출하면 된다.

### ※긴급경영안정자금(재해중소기업지원) 제한 기업
- 휴·폐업기업, 세금체납기업, 부채비율초과기업, 우량기업 적용 예외

### 지원 대상은?

'경영애로 사유'로 일정 부분 피해를 입은 일시적 경영애

로 기업 중 경영정상화 가능성이 큰 기업을 지원한다. 매출액 또는 영업이익이 10% 이상 감소한 기업, 대형사고(화재 등)로 피해규모가 1억원 이상인 기업이라면 지원대상에 해당한다. 아래의 사례를 참고하자.

- 환율피해
- 대형사고(화재 등)
- 대기업 구조조정
- 정부의 산업구조조정 대상업종(조선, 자동차, 해운, 철강, 석유화학) 관련 피해
- 주요거래처 도산 및 결제조건 악화
- 기술유출 피해
- 불공정거래행위, 기술침해, 외국기업 또는 대기업과의 특허분쟁에 따른 피해
- 고용위기 또는 산업위기에 따른 애로
- 화학안전 법령 이행

- 코로나19 피해
- 중소기업 특별지원지역 경영애로
- 개성공단 입주 철수기업
- 우크라이나 사태 피해기업
- 원전 협력 중소기업(단, 사업계획 및 자금 사용 목적이 원전 사업 추진을 위한 경우에 한하여 지원)
- 원자재 가격급등으로 인한 생산 등의 애로 중소기업
- 정의로운전환 특별지구에 소재한 중소기업
- 기타 중소벤처기업부장관이 지원이 필요하다고 인정하는 사유

**피해 시점 계산은?**

연도: 직전연도와 직전전연도
반기: 직전반기와 직전전반기, 직전반기와 전년동반기
분기: 직전분기와 직전전분기, 직전분기와 전년동분기
월별: 신청전월과 전전월, 신청전월과 전년동월

신청기한은 경영애로 피해 발생(피해 비교 가능시점) 후 6개월 이내에 신청하면 되는데 정부의 산업구조조정대상 업종 관련 피해기업은 신청기한을 경영애로 피해발생 후 1년 이내로 우대한다.

### 융자조건은?

**긴급경영안정자금 / 재해중소기업지원**

융자방식: 직접대출

대출한도: (직접대출, 운전) 피해금액 이내에서 최대 10억원(3년간 15억원 이내)

대출기간: (직접대출, 운전) 5년 이내(거치기간 : 2년 이내)

대출금리: (직접대출, 운전) 1.9%(고정)

기타: 운전자금의 용도는 직접 피해 복구에 소요되는 비용

### 긴급경영안정자금 / 일시적경영애로

융자방식: 직접대출

대출한도: (직접대출, 운전) 10억원 이내(3년간 15억원 이내)

대출기간: (직접대출, 운전) 5년 이내(거치기간 : 2년 이내)

대출금리: 정책자금 기준금리(변동) + 0.5%p

기타: 운전자금의 용도는 경영애로 해소 및 경영정상화에 소요되는 경비

# 신시장진출지원자금

★★★★★

### 박준규 행정사의 원포인트 해설

수출 실적이 있거나 혁신성장 분야에서 사업을 하고 계신가요? 그렇다면 신시장진출지원자금을 신청하면 됩니다. 선정되면 장기 및 저리 등의 조건으로 최대 20억 원까지 시설자금과 운전자금을 융자 지원받을 수 있어요.

### 사업 내용은?

중소벤처기업진흥공단에서 운영하는 중소기업 정책자금 사업 중 하나로 중소기업이 보유한 우수 기술·제품의 글로벌화를 촉진하고, 수출인프라 조성을 위해 운전자금 및 시설자금을 지원하는 사업이다. 신시장진출지원자금은 내수기업수출기업화 자금과 수출기업글로벌화 자금으로 구분된다.

### 내수기업수출기업화 자금

수출실적 10만불 미만(최근 1년간(신청전월 기준) 직·간접 수출실적 합계) 중소기업이 대상이다. 자세한 조건은 아래와 같다.

1) 1불~10만불 미만의 수출실적이 있는 기업

2) 전자상거래를 활용한 생산품(용역·서비스 포함) 수출

실적보유(준비 중 포함) 또는 중기부 '전자상거래활용사업'에 참여 중인 중소기업

3) 기타 정부 및 지자체 수출지원사업 참여기업(사업기간 또는 사업종료 후 1년 이내) 및 수출 관련 지정제도 선정기업(유효기간 이내)

4) 기술 수출 실적*을 보유(협약·계약 포함)한 중소기업

**융자 조건은?**

대출한도는 연간 5억원 이내(운전자금)로 5년 이내(거치기간 2년 이내)이다. 금리는 정책자금 기준금리인 변동금리 또는 고정금리가 적용된다.

**민행24의 팁**

해상운임 상승 등에 따른 물류비 지원 용도로 운전자금도 지원받을 수 있다. 또한 중소기업 ESG 인식확산을 위한 ESG 자가진단을 실시하면 자금 지원에 유리하다.

# 수출기업글로벌화 자금

★★★★★

**박준규 행정사의 원포인트 해설**

최근 1년간 수출 실적이 10만불 이상인 기업 중 중국 수출비중이 높은 기업이라면 한 번쯤 도전해 보면 좋은 사업입니다. 연간 20억 이내로 지원하니 지원 규모도 결코 적지 않죠? 특히 브랜드K 인증기업은 연간 30억 이내로 지원가능합니다.

### 대상 기준?

다음 유형 중 어느 하나에 해당하는 수출실적이 있으면 가능하다.

- 10만불 미만 중소기업
- 최근 1년간(신청전월 기준) 직·간접 수출실적 합계
- 최근 1년간 10만불 이상의 수출실적 보유기업
- 혁신성장분야 중소기업(참고 1)
- 기술 수출 실적*을 보유(협약·계약 포함)한 중소기업
- 특허, 상표, 디자인, 노하우, 기술서비스, R&D 등 무형자산 판매 등

### 융자 조건은?

대출한도의 경우 시설자금 연간 20억원 이내, 운전자금 연간 10억원 이내입니다. 대출기간은 시설자금은 10년 이내(거치기간: 담보 4년 이내, 신용 3년 이내)이며, 운

전자금 5년 이내(거치기간: 2년 이내)입니다. 대출금리는 정책자금 기준금리를 참고하면 됩니다.

**민행24의 팁**

- 중소기업 ESG 인식확산을 위한 ESG 자가진단 실시 (기업 수행)
- 브랜드K 인증기업의 시설자금 대출한도는 연간 30억원 이내
- 해상운임 상승 등에 따른 물류비 지원 용도로 운전자금 지원가능
- 사업장 건축(토지구입, 건축), 사업장 매입 용도의 시설자금 지원 불가
- 무명의 수출용사 포상 기업은 이차보전 지원 시 우대(포상 후 1년 이내)

# 정책자금
# 이차보전

**박준규 행정사의 원포인트 해설**

이차보전은 시중은행의 인프라를 활용해 정책적 지원 효과가 큰 유망 중소기업을 새롭게 발굴하는 차원에서 도입된 것으로 대출을 받으면 이자의 최대 3%까지 보조하는 제도입니다. 대출 규모가 적지 않은 만큼 최근 3년 이내 시설투자를 한 업력 7년 이상의 중소기업이라면 한 번쯤 도전해볼만합니다.

### 사업 내용은?

국가가 특정 목적을 위해 특정 부문에 저리 자금을 지원할 필요가 있을 때, 지원된 자금의 조달금리와 대출금리 차이를 보전해주는 개념이다. 쉽게 말해 기업이 은행에서 대출을 받으면 그 이자의 일부를 정부가 보전해준다.

중소벤처기업진흥공단은 중소기업의 금융부담을 완화하기 위한 목적으로 2023년 2분기부터 이차보전 사업을 신규로 도입했다.

### 지원 대상은?

시중은행을 통해 대출을 받을 수 있는 중소기업 중 고용·수출·생산성 등의 지표가 우수한 기업(최근 3년 이내 시설을 도입한 업력 7년 이상의 기업, 스마트공장 보급사업 추진 기업, 그린기술 사업화 기업, 최근 1년 동안 수출 실적 10만 달러 이상 기업 등)으로 운전자금을 연간

5억 원 이내(3년간 10억 원 이내)로 지원한다(3년 만기일시 상환).

**이차보전율**

- 3%p: 중점지원분야, 최근 1년간 수출실적 10만달러 이상 기업
- 2%p: 그 외 업종
- 중점지원분야

혁신성장분야, 초격차·신산업분야, 그린분야, 비대면분야, 뿌리산업, 소재·부품·장비산업, 지역주력산업, 지식서비스산업, 융복한 및 프랜차이즈산업, 물류산업, 유망소비재산업

**신청 절차는?**

1. 기업이 은행과 대출 상담 후 중진공에 이차보전을 신청한다.

2. 중진공이 기업평가를 통해 이차보전 대상 기업 결정한다.
3. 은행에서 대출 후, 중진공이 은행에 이차보전금 정산한다.

**이차보전 취급 은행: 경남, 광주, 국민, 대구, 부산, 신한, 우리, 전북, 제주, 하나, 기업, 농협, 수협**

# 중소기업 매출채권팩토링

**박준규 행정사의 원포인트 해설**

매출채권 부도가 날 걱정이 없이 신속하게 현금화 할 수 있는 제도입니다. 팩토링회사는 매출채권을 할인된 가격에 구매하고, 기업에서는 즉시 현금을 받을 수 있죠!

### 사업 내용은?

판매기업이 보유한 매출채권을 중진공이 인수하고, 판매기업을 대신해 구매기업으로부터 매출채권대금을 회수하는 사업이다.

구매기업의 부도 등으로 인해 상환이 불가능한 경우 판매기업에게 상환을 청구하지 않아 "상환청구권 없는" 것이 특징이다.

### 채권 대상은?

판매기업이 구매기업에게 제품(용역)을 제공한 후 수취한 매출채권으로 신청일 전월 1일 이후에 발행된 10백만원 이상의 매출채권에 한다. 단, 대표자가 동일한 기업 간 거래에서 발생한 매출채권 등은 지원 제외한다.

### 신청 대상은?

중소기업 기본법 제2조에 따른 중소기업으로 최근 3개

년 결산재무제표 보유하고 구매기업과 1년 이상 거래실적을 보유한 중소기업이다. 지원 기간은 매출채권 기간

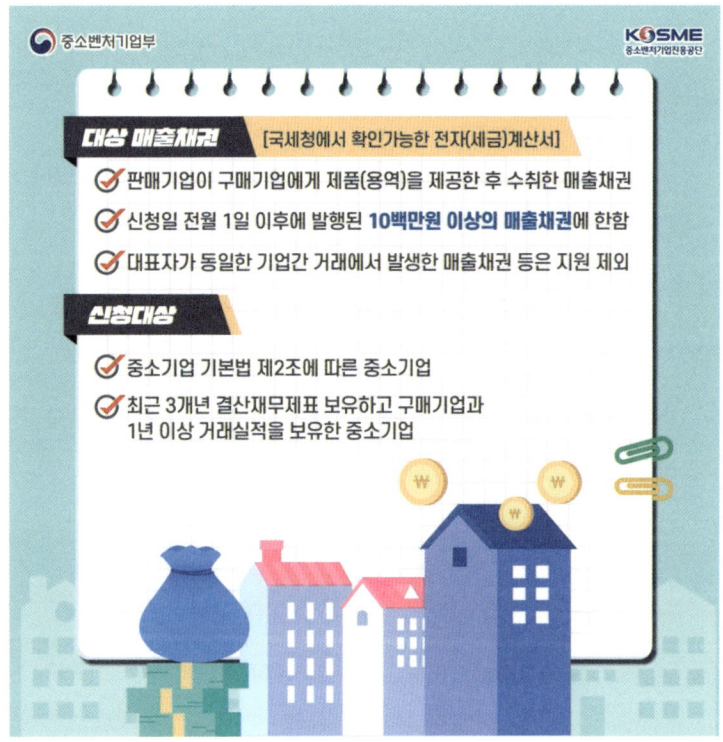

고려 30~90일 이내에서 신청기업이 선택 가능하며, 판매기업 연간 10억원, 구매기업 연간 30억원 이내로 신청금액은 구매기업의 총 한도 내에서 가능한 것이 특징이다.

팩토링 할인율은 조달금리 및 부실가능성 등을 고려해 연 3.40%~4.55% 수준이다.

**신청 방법은?**

매출채권 보유(판매)기업과 발행(구매)기업이 중진공 홈페이지에서 회원가입 재무제표를 제출하면 정보입력, 양도승낙, 회계정보분석, 기업심사, 최종승인 순으로 신청이 진행된다.

# 1부.
# 2023 정부지원사업 핵심 요약

**PART 2**

## 기술개발 지원

구매조건부신제품개발사업
네트워크형 기술개발사업
공정·품질 기술개발사업
Tech-Bridge활용 상용화기술개발
리빙랩 활용 기술개발 지원
건강기능식품 개발 지원사업
혁신제품 고도화 기술개발사업
연구장비활용 바우처 지원사업
중소벤처기업 구조혁신 R&D 지원
소상공인 스마트기술 육성 R&D

# 구매조건부
# 신제품개발사업

**박준규 행정사의 원포인트 해설**

구매연계형 과제는 대기업과 중견기업이 수요처로 참여해 이들이 원하는 연구개발 과제를 제시하면, 중소기업은 그에 맞는 제품과 기술을 개발하도록 하는 제도입니다. 과제 제안 때부터 구매계약서나 구매동의서를 내도록 하기 때문에 연구개발 후 수요처와의 실제 구매 계약으로 이어질 수 있도록 보장한 게 장점입니다.

### 사업 내용은?

수요처의 구매수요가 있는 구매연계 R&D를 지원하여 가치(공급)사슬의 경쟁력 확보 및 안정적인 수익 창출 기반 마련에 기여하고자 수요처가 구매의사를 밝히고 개발을 제안한 과제에 중소기업의 기술개발자금을 지원하는 사업이다. 지원 대상은 수요처로부터 기술개발제품에 대한 구매동의서 또는 구매계약서를 발급받은 기업이다. 지원이 안 되는 기업은 사업에 참여하는 자가 접수마감일 현재 사업별 의무사항(각종 보고서 제출, 기술료 납부,회수금 또는 제재부가금, 환수금 납부 등)을 불이행하고 있는 경우, 국가연구개발사업에 참여제한 중인 경우 등이 있다.

### 지원 내용은?

지정공모 방식과 자유공모 방식이 있다. 지정공모는 정부에서 수요처(투자기업)가 구매(투자)의사를 밝히고 제안한 과제에 대해 연구개발 수행 중소기업을 선정하여 기술개발 자금을 지원하는 방식이다.

자유공모는 중소기업이 수요처(투자기업)에 과제를 제안하여 기술개발제품의 구매(투자)를 약속 받은 경우 과제를 선별하여 진행하는 기술개발자금 지원이다.

구매 연계형은 구매의무가 있는 제도인데 개발비를 정부(65%)가 지원하는 방식이다. 자유공무와 지정공모의 방식으로 진행이 된다. 공동투자형은 구매의무가 없는 유형으로 최대 3년, 12억원을 지원한다.

**심사 평가 내용은?**

사업계획서 내용, 사업목적과의 부합성 등을 중심으로 평가하며 신청자격과 기술개발 및 사업화 역량, 과제중복성, 사업비 계상, 재무제표 등 증빙서류를 확인한다. 사업계획의 타당성 기술성, 시장성, 사업성 등에 대한 평가를 실시한다.

구매연계형과 공동투자형의 차이점은 구매연계형이 수요처의 구매의사를 기반으로 기술개발을 진행하여 구매의무가 있는 반면에 공동투자형은 투자기업의 투자의향을 기반으로 하여 구매의무가 면제된다.

> **민행24의 팁**
>
> 올해 구매조건부신제품개발사업은 2022년과 달라진 점을 살펴보면 지난해 자유공모와 지정공모였던 것이 올해는 지정공모로 바뀌었다는 것이다. 구매연계형 과제의 경우 수요처-중소기업 간 신규협력 활성화를 위해 지정고모 과제를 확대하고 우선 지원하기로 한 것이다.
>
> 해외수요처의 신용조사 보고서는 꼭 제출해야 하는지 여부를 궁금해하는 이들도 많은데, 해외수요처의 경우 과제 신청 시 한국무역보험공사에서 발급한 국외기업 신용조사보고서는 필수제출 서류다. 해외신용조사보고서는 발급시까지 4주 정도의 시간이 필요하니 미리 준비해야 한다.

# 네트워크형 기술개발사업

**박준규 행정사의 원포인트 해설**

네트워크형 기술개발사업은 중소기업 간 네트워크 구성을 목표로 하고 있어 위탁연구기관, 공동개발기관으로 비영리기관의 참여는 불가능하다. 만약 비영리기관인데 이 사업에 참여하고자 한다면 미리 협력체를 구성해서 신청해야 하는 점 유의하자.

### 사업 내용은?

중소기업 네트워크형 기술개발사업은, 중소기업의 주도적 역량 확보 및 자립화 기반을 마련하고자 기업 간의 협력수요가 있는 제품을 대상으로 전주기 협력 R&D를 지원하는 사업이다. 2023년의 경우 세부과제 및 지원단계 등이 개선되었는데, 지원규모(신규과제)의 경우 네트워크형 기술개발사업 21억원, 20개 내외 과제가 지원된다.

### 지원 내용은?

지원대상은 혁신형 중소기업(벤처, 이노비즈, 기업부설 연구소 보유 기업) 중심의 3개 이상 중소기업의 네트워크이며 네트워크 기획[1] 및 R&BD 통합지원[2]을 통해 지원할 수 있다.

---

1   중소기업간 수평적 협력유도와 새로운 가치사슬의 확보를 위한 R&BD 全과정에 대한 기획지원 및 멘토링 지원
2   신기술·신제품을 개발하고, 사업화하도록 중소기업 네트워크 협력체의 기술개발자금 등 지원

지원한도는 최대 2년간 6억원 이내 지원(위탁연구개발비 3,300만원 포함)하며, 지원 대상은 아래의 조건을 참고하자.

**\*지원 대상**
「중소기업기본법」제2조(중소기업자의 범위)에서 정한 중소기업 중 다음의 조건 중 하나를 충족하는 기업

1) 중소기업기술혁신촉진법 제2조 3의2에 의한 기술혁신형 중소기업
2) 벤처기업육성에 관한 특별조치법 제2조 ①항에 의한 벤처기업
3) 기초연구진흥 및 기술개발지원에 관한 법률 제14조 ①항 2호에 의한 기업부설연구소 보유기업

공동연구개발기관으로 지원하는 경우 기술개발 역량을

보유하거나 개발, 생산, 사업화 각 단계에서 주관연구개발기관과 협력하여 고유의 역할을 수행할 수 있는 「중소기업기본법」제2조(중소기업자의 범위)에서 정한 중소기업 2개사 이상 참여가 필수이다(3개 이상 중소기업의 네트워크가 지원대상이므로, 2개 이상의 공동연구개발기관 참여 필수).

**민행24의 팁**

2023년 중소기업 네트워크형 기술개발사업온라인 홈페이지에서 연구개발계획서를 제출하면, 심사를 통해 지원대상 기업이 선정된다. 최대 6억원까지 정부 지원을 받을 수 있는 만큼, 벤처기업인증 또는 이노비즈 인증을 보유하거나 기업부설연구소를 설립한 기업이라면 기한 내 놓치지 말고 신청하자.

# 공정품질
# 기술개발사업

**박준규 행정사의 원포인트 해설**

영세 중소기업의 디지털화를 촉진해 제조 경쟁력을 높이는 취지입니다. 또 중소기업의 ESG 전환을 유도해 경영환경 개선을 지원하려는 목적인 만큼, 중소기업의 제조경쟁력 확보에 도움이 될 것입니다.

### 사업 내용은?

공정품질 기술개발사업은 제조 공정의 불량률 감소, 원가절감 등 생산성 향상을 위한 공정기술 개발을 지원하는 사업으로, 2023년 상반기 183억 원의 예산이 편성되었다.

### 지원 대상은?

**제품·공정개선 기술개발:*

중소기업기본법 제2조에 의한 중소기업 중, 3년 평균 매출액이 120억 미만인 기업. 단, 공정개선과제는 공장등록증 또는 직접생산 확인 증명서 보유기업

- 뿌리기업 공정 기술개발 : 뿌리기술 전문기업 및 뿌리기업 확인서 발급기업

### 지원 내용은?

- 제품·공정개선 기술개발 : 기존 공정 및 제품 개선을 위한 기술개발 비용을 지원
- 과제당 5천만원 한도(총 사업비의 75% 이내), 1년 이내

1) 제품개선: 기존 제품의 성능 및 품질 향상 등 제품경쟁력 강화를 위한 제품개선 기술개발 지원

2) 공정개선: 제조현장에서 생산성을 향상시키는 생산시간 및 비용 등을 절감할 수 있도록 공정개선 기술개발 지원
- 뿌리기업공정 기술개발 : 기술의 파급성 및 공용성이 높은 뿌리기술의 적용범위 확대를 위한 제품 적용기술 및 뿌리기술 고도화를 위한 공정개선 기술개발 비용을 지원
- 과제당 1억원 한도(총 사업비의 75% 이내), 1년 이내

**지원이 안 되는 기업은?**

주관기관, 대표자, 과제책임자 등이 접수마감일 현재 사업별 의무사항(각종 보고서 제출, 기술료 납부, 정산금 또는 환수금 납부 등)을 불이행하고 있는 경우이거나 국가연구 개발사업에 참여제한 중인 경우는 지원이 불가하다.

### 민행24의 팁

아래의 내용은 2022년과 달라진 내용이니 참고하자.

- 제품공정 지원대상 제한: 전체 중소기업→ 3년 평균 매출액 120억 미만 중소기업
- 공정개선 과제에 적합한 서식수정(사업계획서, 최종평가표)
- 산업위기대응 특별지역 지원 : 산업위기대응 특별지역으로 지정된 지역의 과제 우선지원
- 뿌리기업공정 기술개발사업 평가체계 개편 : 대면평가→현장평가 방식에서 서면평가→현장평가로 변경
- 신청·접수 시기조정: (제품) 2,4,7 (뿌리) 2,7 접수

# Tech-Bridge 활용 상용화 기술개발

**박준규 행정사의 원포인트 해설**

테크브릿지 활용 상용화 기술개발사업은 독자적 기술개발이 어려운 중소기업이 대학·연구기관 보유 핵심기술을 이전받아 사업화할 수 있도록 지원하는 대표적인 소·부·장 분야 상용화 연구개발 (R&D) 사업으로 중소기업의 상용화 기술개발 과정에는 이전 기술 노하우를 전수하고 기술개발을 신속하게 추진할 수 있도록 기술을 이전한 대학·연구소가 반드시 참여해야 합니다.

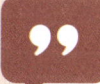

**사업 내용은?**

'23년도 상반기 지원대상 과제로는 기술수요조사를 통해 발굴된 과제 중 산·학·연 전문가 검토로 확정된 219개 공모과제(RFP, Request For Proposal) 중 20개가 선정될 예정이며, 중소기업이 미래 기술우위를 선점하고 세계 가치사슬 변화에 선제적으로 대응할 수 있도록 발굴대상에 미래선도품목*을 추가했다.

- 미래선도품목(5) : 초미세 마이크로 LED 소재부품, 3D AR용 메타렌즈 소재, 차세대 전고체전지 소재, 이종 직접 방열소재, 대체육 원료

선정된 기업들에게는 기술개발 자금지원과 더불어 기술보증기금에서 운영 중인 IP인수 보증* 및 사업화 보증**을 추가로 지원해 기술이전 비용부담을 완화하고 사업화 성공률을 높일 예정이다.

(IP인수 보증) IP 인수 추진 기업에게 IP인수를 위한 자금(착수금, 기술료 등) 보증
(사업화 보증) R&D 완료 후 양산에 소요되는 운전, 시설자금 보증

또한, 소·부·장 핵심기술 국산화의 차질 없는 추진과 Tech-Bridge활용 상용화 기술개발사업에 선정된 40개 기업들이 기술혁신 및 사업화 성과를 거둘 수 있도록 전문기관(중소기업기술정보진흥원)에서 운영 중인 성과확산 프로그램을 활용해 지원할 예정이다.

자세한 내용은 범부처통합연구지원시스템 누리집(iris.go.kr)을 통해 확인할 수 있다.

# 리빙랩 활용 기술개발 지원

**박준규 행정사의 원포인트 해설**

기획→개발→실증→확산' 전 단계에 소비자 수요를 반영할 수 있는 리빙랩 활용 기술개발을 위해 사업 목적에 맞는 분야별 과제 기획, 개발, 실증을 지원해 드리는 사업입니다. 사용자·전문가 패널을 통한 아이디어 고도화, R&D 최종 결과물에 대한 개선사항 도출 및 양산, 사업화 등 지원받을 수 있습니다.

### 사업 내용은?

소비자 수요를 반영할 수 있는 리빙랩을 활용하여 R&D를 지원함으로써 사업화 성과를 촉진하는 지원사업이다. '리빙랩'이라는 말의 뜻은 '살아있는 실험실', '사용자 참여형 혁신공간' 등을 뜻한다. 쉽게 말해 사용자 주도형 혁신모델을 시도하는 방법론이다.

리빙랩활용R&D사업은 사용자와 연구자가 함께 아이디어를 공유하여 기획해서 제품·서비스의 실증을 반복하는 리빙랩을 활용한 기술 개발을 지원하는 사업이다.

- 지원규모 : 90억원, 18개 과제('23년 신규과제 지원규모 : 23억원)
- 지원내용

| 지원유형 | 지원규모(안) | 정부지원 연구개발비 비중 | 개발기간 및 지원금액 |
|---|---|---|---|
| 지정공모 | 7개 내외 | 80% 이내* | 24개월, 과제 당 5억원 |
| 품목지정 | 11개 내외 | | |

*코로나-19로 인한 중소기업 R&D 부담완화를 위한 특별지침으로 기관부담연구개발비 25% 이상→20% 이상으로 완화

### 지원 내용은?

사용자·전문가 패널과 함께 시장의 수요를 반영할 수 있는 아이디어를 고도화하고, 이를 R&D에 적용하도록 구체화해야 한다. 이때 리빙랩 플랫폼을 통해 실 사용자의 피드백에 따라 기술개발 목표를 폭넓게 변경할 수 있도록 무빙 타겟(moving-target)[3]형 목표관리를 하게 된다.

개발 과정에서 리빙랩 플랫폼으로 사용자 패널과의 상호

---

[3] 사용자 수요에 맞춰서 기술개발기간 중에도 기술개발 목표를 변경

작용을 통해 개발제품의 상용화 가능성 제고하게 되고 R&D 최종 결과물에 대한 실제 환경에서의 사용성 평가를 통해 개선사항 도출 및 양산, 사업화를 지원한다.

### 신청 방법은?

필수 서류를 운영기관 접수처(http://platform.utp.or.kr)에서 온라인 제출하셔야 신청·접수가 완료된다. '추천과제'에 한하여 범부처통합연구지원시스템(IRIS)에 온라인 과제정보 등록 및 2차 연구개발계획서를 제출하면 된다.

# 건강기능식품 개발 지원사업

★★★★★

**박준규 행정사의 원포인트 해설**

건강기능식품 개발 지원사업을 건강기능식품 사업화의 핵심이라고 할 수 있는 '기능성 원료 인정'에 필요한 규제 극복을 위해 연구개발지원단을 구성하여 중소기업에 필요한 원료 인·허가 맞춤형 컨설팅을 지원하는 사업입니다. 비용·기능성 인정 실패 등의 사유로 건강기능식품 기술개발에 도전하지 못했던 중소기업이 과감하게 도전해볼 수 있는 사업입니다.

| 구분 | | 지원기간 | 지원한도 |
|---|---|---|---|
| 내역사업 | 세부과제 | | |
| 건강기능식품 개발 지원사업 | 과제기획(PoC) | 2개월 이내 | 10백만 원 이내 |
| | R&D Track1 | 최대 3년 | 연간 2억원 이내 |
| | R&D 임상 | 최대 2년 | 연간 1억원 이내 |
| | R&D Track2 | 최대 2년 | 연간 2억원 이내 |

*상기 지원기간 및 금액은 정부 정책 및 연도별 예산 상황에 따라 변동될 수 있음

### 사업 내용은?

건강기능식품 개발 지원사업이란, 건강기능식품 분야 유망 중소기업의 기술개발을 지원하고, 중소기업에 필요한 원료 인·허가 맞춤형 컨설팅을 지원하는 사업이다. 중소벤처기업부와 식품의약품안전처에서 공동으로 주관하는 기술개발 지원사업이다.

2023년 건강기능식품 개발 지원사업의 총 지원규모는 24억원으로 1단계(과제기획) 40개 과제를 선정하고, 수행결과를 바탕으로 2단계(R&D) 신규 과제 20개를 선정할 계획이다.

### 지원 유형은?

품목지정: 건강기능식품 기능성 원료에 한하며 아래의 두 가지 트랙으로 지원합니다.

(Track 1) ①신규 원료의 개발(개별인정형), ②고시형 또

는 ③개별인정형 원료의 기능성 추가에 대한 기술개발 지원(3년+2년)

(Track 2) 흡수율 증진, 추출효율 개선, 제조방법 다양화 등 기능성 향상을 통해 기존 기능성 원료의 부가가치를 높이는 기술개발 지원(2년)

### 지원 내용은?

건강기능식품 기술개발 과제기획(PoC), 유형별 기술개발(R&D), 임상까지 전주기를 지원한다.

1. PoC(과제기획, 1단계) : 연구개발지원단을 통해 건강기능식품 R&D 개발 단계별 맞춤형 기술 및 애로사항 및 인·허가를 위한 컨설팅 지원 등

2. R&D(2단계)
① Track1(R&D+임상)

- (R&D, 3년) 새로운 원료 발굴 혹은 기능 추가를 위한 기술개발 지원

*임상지원은 Track1 과제의 개발기간 종료 후 평가를 통해 사업화 가능성이 높은 과제를 대상으로 후속 임상지원 및 건강기능식품 인정·심사 조력

- (임상, 2년) R&D 완료 과제를 대상으로 평가실시 후 후속 임상지원

② (Track2) 흡수율 증진, 추출효율 개선, 제조방법 다양화 등 기능향상을 통해 기존 기능성 원료의 부가가치를 높이는 기술개발 지원

**민행24의 팁**

신청 제한 요건에 해당하는 경우 지원대상에서 제외될 수 있다. 평가기준 및 선정절차가 다른 사업에 비해 까다롭기 때문에 사업 신청 전에 구체적인 평가 요건을 살펴보는 것이 중요하다.

# 혁신제품 고도화 기술개발사업

**박준규 행정사의 원포인트 해설**

혁신제품 고도화 기술개발사업은 국내 시장에서 혁신성·제품성을 인정받은 혁신제품의 해외시장 진출을 위한 현지화·고도화R&D를 지원하는 사업으로, 2023~2026년까지 4년간 135개 기업에 230억 원의 규모로 추진하고 있습니다.

### 사업 내용은?

혁신제품 고도화 기술개발사업은 혁신제품의 신속한 해외 진출과 조기 수출 성과 창출을 위해 R&D 진단·기획과 글로벌 타켓R&D로 구성돼 있다. 이번 사업 공고를 통해 글로벌 역량을 보유한 30개사의 R&D 진단·기획을 지원하고 이 중 해외시장 진출 가능성이 높은 15개사를 최종 선발해 글로벌 타켓R&D를 지원한다.

### 지원 방식은?

KOTRA가 제공하는 글로벌 역량 테스트를 거쳐 중소기업의 글로벌 진출 의지와 가격경쟁력, 해외 마케팅 역량 등을 사전에 진단하고, 해외시장 진출 가능성 제고를 위해 본 R&D 수행 전 해외시장 분석기관을 통해 R&D진단·기획을 지원한다.

해외시장분석기관은 제품 분석, 해외시장 조사 등을 전문적으로 수행할 수 있는 기관을 선정해 지원기업의 진단·기획을 전담한다. 또한 목표 해외시장의 트렌드 분석, 경쟁제품 분석, 고도화R&D 추진 전략 수립 등을 집중 지원할 계획이다.

글로벌 타켓 R&D는 R&D진단·기획을 수행한 기업이 진단·기획 결과를 바탕으로 혁신제품의 현지화·고도화를 할 수 있도록 2년간 3억 원을 지원하고, 해외 시장에서 조기 안착을 위한 국제 표준·인증, 시험평가 등을 종합적으로 지원한다.

사업 신청에 대한 자세한 내용은 기술개발사업 종합관리시스템 누리집, 범부처통합연구지원시스템 홈페이지에서 확인할 수 있다.

# 연구장비활용 바우처 지원사업

**박준규 행정사의 원포인트 해설**

중소벤처기업부가 중소기업의 기술개발과 사업화에 필요한 연구장비 활용이 가능한 바우처를 3년간 총 270억원을 지원하는 사업으로 중소기업이 보유한 제품 및 기술을 고도화할 수 있도록 연구시설장비 이용료를 최대 70%까지 지원받을 수 있습니다.

### 사업 내용은?

연구장비 활용 바우처 지원사업은 이전에 지원됐던 연구기반활용사업(2019~2020년)과 연구기반활용플러스사업(2021~2022년)의 후속 사업으로 중기부는 향후 3년간 자체 연구장비를 보유하지 못한 중소기업이 외부의 연구장비를 활용해 연구개발 활동을 할 수 있도록 지원할 계획이다. 장비 직접활용 외에도 전문가가 연구장비를 사용해 시험설계·분석 등을 수행하는 시험의뢰, 연구장비를 사용하는 전문인력 활용까지도 지원한다.

### 지원 내용은?

중소기업이 보유하고 있는 기술, 제품의 고도화를 위해 대학·연구기관 등이 보유한 연구장비 활용을 위한 시험설계·분석에 60억원을, 인증·시제품 제작 등 사업화에 30억원을 지원한다.

중기부는 연구기반활용, 연구기반활용 플러스 사업 등

기존 사업 수혜가 없는 중소기업을 우선 지원하는데 발급된 바우처는 90일 이내 사용을 완료해야 하는 점 참고하자.

사업내용과 관련한 자세한 사항은 중소기업기술개발사업 종합관리시스템 누리집, 연구기반공유시스템 홈페이지에 게시된 사업 공고문을 통해 확인하면 된다.

# 중소벤처기업 구조혁신 R&D 지원

★★★★★

### 박준규 행정사의 원포인트 해설

중소벤처기업 구조혁신 지원 R&D사업이란, 기술개발 초기단계 기업을 대상으로 구조혁신 및 고도화·재구축 R&D과 연계 및 성공률 제고를 도모하기 위해 R&D진단 및 기획을 지원하는 사업입니다. 사업 전환이나 사업 추가 등을 고려하고 있는 기업이라면 해당 지원사업을 통해 최대 3천 만원 한도 내에서 지원을 받을 수 있습니다.

**지원 및 혜택은?**

구조혁신(사업전환·추가, 사업구조 재구축)을 희망하는 연구역량 초기 단계 중소기업으로 공고일 기준 사업전환 계획을 승인받지 않은 기업 중 사업전환을 희망하는 기업, 선제적 구조개선 프로그램 또는 중진공-캠코 협업사업에 참여이력이 없는 기업 중 사업구조 재구축을 희망하는 기업이 해당된다. 지원대상으로 선정된 기업은 최대 3000만원 한도 내에서 연구개발비를 지원받을 수 있다.

**지원 내용은?**

선정과제를 대상으로 정부지원연구개발비를 통한 R&D 진단 및 기획 지원한다.

1) 중소기업에서 제안한 기술과 매칭된 기획기관이 지원기관의 R&D진단 및 기획 보고서 작성 지원

2) 주관연구개발기관의 참여연구원, 기획기관의 해당분야 전문가 등이 기획사업 수행부서를 구성하여 공동으로 R&D기획을 수행하고, 최종결과물(기획보고서)은 기획기관이 작성

3) 탐색 R&D 완료기관이 구조혁신지원 R&D사업의 고도화·재구축 R&D 신청 시 가점부여

〈연구개발비 지원 기준〉
- 정부지원연구개발비: 연구개발비의 75% 이내
- 기관부담연구개발비: 연구개발비의 25% 이상
- 전체 기관부담연구개발비(현금+현물) 중 10% 이상은 현금으로 부담

**지원 절차는?**
정부지원연구개발비는 주관연구개발기관으로 지급되며,

주관연구개발기관은 정부 지원연구개발비 및 기관부담 연구개발비 현금 전액을 탐색 R&D 기획기관에 지급된다.

> **민행24의 팁**
>
> 1. 서면평가는 분야별 산·학·연 전문가로 연구개발과제평가단을 구성하여 탐색R&D 개념계획서의 구조혁신계획, 필요성·적정성, 수행역량, 추진전략 등을 검토하고 평가점수 60점 이상인 과제를 추천한다.
>
> *종합평점= 선정평가 점수합계 - ( 최고점수 + 최저점수 ) / 평가위원 수 - 2
>
> 2, 과제선정은 서면평가 점수가 60점 이상인 과제 중 지원예산 규모를 고려하여 지원대상 선정한다.

# 소상공인
# 스마트기술 육성 R&D

★ ★ ★ ★ ★

**박준규 행정사의 원포인트 해설**

스마트상점 핵심기술의 발굴·기획과 기술개발, 실증 지원을 통해 기술 수준을 제고시키는 중소벤처기업 지원사업으로 기술의 기획과 개발은 물론, 테스트베드를 구축해 실증지원까지 연계되는 것이 특징입니다.

### 사업 내용은?

소상공인에 대한 스마트기술 보급·확산을 위해 소상공인 업종별 최적화된 스마트기술 발굴·기획 및 실증사업 운영 지원된다. 법적인 설립 근거를 보유한 '비영리기관' 또는 '비영리기관' 컨소시엄이 참여할 수 있다는 점이 특징이다.

소상공인의 수요에 맞춰 기술수요조사 및 수요 검증까지 마친 기술제안요청서를 토대로 진행된다. 기술의 기획과 개발은 물론이고, 테스트베드 구축을 통해 '실증지원'까지 연계되는 것이 특징.

### 신청 방법은?

신청 기업은 연구개발계획서에 다음의 내용을 기입해야 한다.
- 연구개발 방법 및 세부 일정
- 예산

- 사업화 전략
- 개발 기술 보급 대상 소상공인

선정평가를 거쳐 최종 10개 내외 과제를 지원하는데 평가 과정에서 기정원은 기술 분야별 산·학·연 전문가를 포함해 연구개발과제평가단을 구성한 뒤, 철저히 실증 및 보급 가능한 기술을 중점적으로 선정된다.

# 2부.
# 2024 정부지원사업 미리 들여다보기

**PART 1**

## 2024년 정부지원사업 예산안의 특징

2024년도 중기부 예산안 기본방향

# 2024년도 중기부 예산안 기본방향

2024년도 중소벤처기업부(이하 '중기부') 예산안의 기본 방향을 예측해보자. 먼저 정부는 2024년 총 13개 사업에 약 1조 3208억 가량(기후기금 4개 제외)를 집행할 것으로 보인다. 이는 전년대비 약 25.4%가 감액된 수준이다. 사업수로 살펴보더라도 전체 24개의 사업이 진행되어 종료되거나 폐지된 사업수가 34개에 달한다. 아래는 최근 7년간 중기부 예산 현황 자료이다.

### 최근 7년간 중기부 예산현황('18~'24.정부안)

(단위 : 억원, 전년비 %)

| 구분 | | '18년 | '19년 | '20년 | '21년 | '22년 | '23년 | '24년 예산안 |
|---|---|---|---|---|---|---|---|---|
| 총지출 | | 88,561 | 102,664 | 133,640 | 168,240 | 188,412 | 135,205 | 145,135 |
| | | - | 15.9 | 30.2 | 25.9 | 12.0 | △28.2 | 7.3 |
| 예산 | | 22,694 | 30,890 | 41,968 | 51,386 | 45,133 | 40,327 | 34,115 |
| | | - | 36.1 | 35.9 | 22.4 | △12.2 | △10.6 | △15.4 |
| 기금 | | 65,867 | 71,774 | 91,672 | 116,854 | 143,279 | 94,878 | 111,021 |
| | | - | 9.0 | 27.7 | 27.5 | 22.6 | △33.8 | 17.0 |

### ※2024년 정부지원사업의 초점

소상공인·자영업자의 자금애로 해소, 소상공인의 사회안전망 강화에 초점을 맞출 것으로 보인다. 소상공인의 자금애로 해소와 안정적인 경영환경 조성을 위해 융자공급 규모를 8,000억원 확대할 것으로 예상된다.

*소상공인융자:('23) 3조원 → ('24안) 3조 8,000억원 (+8,000억원, 21%)

고금리 대출을 저금리로 전환하거나 민간에서 만기연장이 어려운대출을 정책자금으로 대환할 수 있는 소상공인 대환대출을 신설할 것으로 보인다.

### 체크 포인트 1. 소상공인의 사회안전망 강화

자영업자 고용보험료 지원규모를 역대 최대인 연간 4만 명으로확대하여, 소상공인·자영업자의 사회안전망을 강화하고 지원대상을 1인 소상공인에서 모든 소상공인으로 확대할 것으로 보인다. (소상공인법시행령 '22.11.24 시행)

*자영업자 고용보험료 지원:('23) 50억원, 2.5만명 → ('24안) 약 150억원, 4만명(+100억원, 약 200%)

특히 소상공인·자영업자 지원대상 확대 등으로 폐업·재

도전·재취업 예산강화(점포철거 2만→2만 2천명, 사업정리 1만 2천명(전년동) 등)한 것이 눈에 띈다.

*희망리턴패키지:('23) 1,464억원 → ('24안) 약 1,500억원(+49억원, 약 3%)

### 체크 포인트 2. 민간주도 성장을 위한 기업가형 소상공인 육성

스스로 성장하는 소상공인 육성을 위한 기업가형 소상공인육성 패키지가 신설되었다. 또한 최근 첨단기술, 디지털 인프라 등을 활용한 키오스크, 스마트미러, 서빙로봇 등 소상공인 성장인프라 구축을 지원할 예정이다.

*('23)신사업창업사관학교·강한소상공인성장지원·로컬크리에이터육성 384억원 → ('24안) 기업가형소상공인육성 약 500억원(약 140억원, 약 30.5%)

*소상공인 스마트상점 기술보급:('23) 313억원 → ('24안) 약 300억원(+31억원, 약 9%)

### 체크 포인트 3. 글로벌 창업벤처 강국으로의 도약

창업지원사업의 글로벌 지향성을 강화한다. 민간에서 먼저 투자한 스타트업을 지원하는 팁스(TIPS)프로그램은 지원규모를 확대(750→870개사)하고 글로벌 팁스 트랙 신설(20개사)할 예정이다. 또 구글·마이크로소프트·엔비디아·IBM 등과 같은 글로벌 기업과 협업하는 스타트업 지원프로그램 규모 확대(270→약290개사)된다.

*민관공동창업자발굴육성(팁스):('23) 1,101억원 → ('24안) 약 1,300억원(+203억원, 약 18%)
*글로벌 기업 협업 프로그램:('23) 405억원 → ('24안) 약 400억원(+25억원, 약 5%)

뿐만 아니라 스타트업의 해외진출, 해외스타트업의 국내 활동을 지원하는 글로벌창업인프라(스페이스K) 신규 조성이 추진('24안 15억원)된다.

### 체크 포인트 4. 벤처투자시장의 자금애로 해소

벤처투자시장 활성화를 통해 스타트업이 최근 직면한 자금난을해소할 수 있도록 민간 벤처투자 마중물 공급을 확대한다.

*중소기업모태조합출자:('23) 3,135억원→('24안) 약 4,500억원(약 44%)

또한 스타트업코리아, 창업초기, 청년창업, 여성기업, 스케일업, 글로벌, 지역혁신 등 스타트업코리아펀드, 글로벌펀드 포함 약 2조원 수준 벤처펀드(子) 조성 추진할 것으로 보인다.

### 체크 포인트 5. 혁신기업의 규제애로 극복 및 글로벌 진출

규제자유특구의 첨단산업들이 해외로 진출할 수 있도록 신규로글로벌 혁신 특구 지정도 추진된다. 글로벌 혁신 특구 기업을 대상으로 해외실증·인증 등 추진을위한 R&D사업을 신설하여 지원('24안 20억원)할 예정이다.

### 체크 포인트 6. 중소기업 제조혁신·수출촉진 및 자금확대

지능형(AI) 제조에 대비해 중소기업의 제조경쟁력 고도화를 추진한다. AI, IoT 등 고도화된 스마트 제조기술의 중소기업 도입을 촉진하는 스마트공장 고도화 지원 강화(500→800개사)할 것을 보인다.

\* ICT융합 스마트공장 보급확산:('23) 1,671억원 → ('24안) 약 2,000억원(+420억원, 약 25%)

중소기업 수출촉진 및 국제협력 강화의 측면에서도 수출 중소기업 대상으로 해외마케팅·법률·번역·무역보험 등을 제공하는 수출바우처 지원 확대할 것으로 보인다.

\*수출바우처(물류바우처 제외):('23) 1,017억원 → ('24안) 약 1,100억원(+102억원, 10%)

또한 중소기업 해외진출 지원을 위한 글로벌비즈니스센터는 '24년에 2개소를 추가 설치('23년 20개)할 것으로 보인다. 글로벌 중추국가로서 국제사회에 대한 책임과 역할을 할 수 있도록 중소기업분야 공적개발원조(ODA) 투자를 2배 확대한다.

*국제중소기업협력(ODA):('23) 55.5억원 → ('24안) 약 100억원(+46.8억원, 약 80%)

최근 경기둔화·고금리 등 중소기업의 어려움을 적극적으로 해소하기 위한 중소기업 융자를 4.7조원 규모로 확대 반영하는 등 중소기업의 자금애로 해소가 될 것으로 보인다. 자금이 부족하나 매출이 확보된 중소기업의 가장 큰 애로사항인생산자금을 지원하는 새로운 방식의 융자 프로그램 추진될 것으로 보인다.

*중진기금 융자(예산):('23) 4조 2,271억원 → ('24안) 약 4조 7,000억원(+4,681억원, 약 10.0%)

## 2024년에 폐지될 것으로 예상되는 사업(23개)

지역특화산업육성+(R&D)
중소기업기술혁신개발
공정·품질기술개발
Tech-Bridge활용 상용화기술개발
중소기업상용화기술개발
창업성장기술개발
지역특화산업육성+(제주)(R&D)
중소기업 Net-Zero 기술혁신
산학연 플랫폼 협력기술개발
소재부품장비 전략협력기술개발
그린뉴딜 유망기업 100(R&D)
리빙랩활용기술개발지원
건강기능식품개발지원
중소기업 탄소중립 선도모델개발

지역특화산업육성+(세종)(R&D)

중소기업R&D역량제고

창업성장기술개발

중소벤처기업 구조혁신 지원 R&D

포스트규제자유특구연계(R&D)

소상공인스마트기술육성R&D

혁신제품 고도화 기술개발 지원사업

디지털전환통합기술개발(R&D)

기술공유형통합기술개발(R&D)

## 2024년에 폐지될 것이 유력한 사업(17개)

스마트서비스 ICT솔루션개발

스마트 전통시장·상점가 R&D 지원

제조기술융합센터 테스트베드

성과공유형 공통기술R&D

해외원천기술 상용화기술개발

연구장비 활용 바우처 지원사업(R&D)

지역중소기업 공동수요기술개발

현장수요맞춤형 방역물품기술개발

제조데이터공동활용 플랫폼기술개발

제조중소기업 글로벌역량강화

스마트센서 선도프로젝트기술개발

소상공인·자영업자를 위한 생활혁신형 기술개발

중소기업기술사업화역량강화(시장친화형 기술개발)

중소기업전략기술연구조사

융복합기술교류촉진(국내기술교류)

글로벌창업기업기술개발

융복합기술교류촉진(해외기술교류)

## 비R&D 파트의 경우(약 15개 사업)

ICT융합스마트공장 보급·확산

지역특화산업육성

중소기업 스마트 서비스 지원

그린뉴딜 유망기업100(사업화)

데이터 인프라구축

지역특화산업육성(제주)

중소벤처행정정보화(대민정보시스템 통합운영체계 구축)

지역특화산업육성(세종)

지역특화 제조데이터 활성화

중소벤처행정정보화(사이버안전센터운영)

기술혁신기반조성(기능성소재부품기업경쟁력강화)

중소기업 우수연구개발 혁신제품지정 및 시범구매

중소기업 정보화역량강화(클라우드기반솔루션개발)

기술혁신기반조성(유틸리티성 자원공유지원)

제조데이터 촉진자 양성

# 2부.
# 2024 정부지원사업 미리 들여다보기

## PART 2
### 2024년 정부지원 대표 사업 세부 내용

창업성장기술개발
중소기업기술혁신개발
중소기업상용화기술개발
스마트제조혁신기술개발
중소기업연구인력지원
산학연 콜라보 R&D
중소기업기술정보진흥원 기획평가관리비
K-바이오 랩허브 구축사업

## 부록

중소 기업이 알아두면 좋은 제도

# 창업성장기술개발
## (약 20억)

민간이 주도하는 지역별 혁신성장생태계 구축, 미래 신산업 기술(딥테크)의 스케일업을 통한 지속 성장 가능성 제고 등 기술창업 저변 확대 및 성과 확산을 지원한다.

★★★★★

**민행24가 눈여겨본 점!**

다양한 혁신·신산업 분야의 유망 스타트업 발굴·지원으로 창업 저변을 확대하기 위한 사업으로 민간과 정부 협력을 통한 유망 스타트업 발굴 및 딥테크 분야 집중 지원으로 글로벌 시장을 선도할 초격차 스타트업 육성하기 위한 것으로 보입니다.

대외 의존도가 높은 핵심기술의 기술자립도 제고를 넘어 핵심기술을 확보로 세계가치 사슬(GVC) 변화에 선제적 대응

- (생태계 강화) 수요-공급기업 간 협력모델을 구축하고, 스타트업 → 강소기업 → 으뜸기업으로 체계적 글로벌 소부장 기업 육성

**사업 내용은?**

창업기업에 대한 전략적 R&D지원을 통해 기술기반 창업기업의 혁신성장을 촉진하는 사업으로 디딤돌과 전략형, TIPS로 구분된다.

- (디딤돌) 기술창업아이템의 시장성·기술성 및 사업성 검증이 필요한 기술창업기업의 기술개발 지원을 통한 조기 성장 촉진한다.

- (전략형) 혁신역량이 우수한 기술창업기업에 대한 전략적 지원을 통해 고급기술 창업 확대한다.

- (TIPS) TIPS운영사(액셀러레이터 등)가 고급기술 창업팀에 투자·보육하고, 정부 R&D, 창업사업화 자금 등을 매칭 지원하여 창업기업의 글로벌 경쟁력 확보한다.

**지원 대상 및 내용은?**
「중소기업기본법」 제2조의 규정에 의한 중소기업을 원칙으로 하되, 창업 7년 이하이며 매출액 20억원 미만 창업기업 중 과제별 자격기준을 충족하는 기업에 해당한다.

- 디딤돌(신규 840억원): 중소벤처기업부 R&D 첫 수행 기업의 기술개발 지원(1년, 1.2억원 이내)

- 전략형(신규 98억원): 초격자 기술, 실험실 창업기업, 글로벌 스타트업 등 미래 신산업 기술보유 및 글로벌 경쟁력을 확보한 창업기업 기술개발 지원(2년, 3억원 이내)

- TIPS(신규 1,014억원) : 창업기획자 등 팁스 운영사가 발굴·투자한 기술창업기업에게 보육·멘토링과 함께 기술개발 지원(2년, 5억원 이내)

*'23년 바이오 등 미래 선도분야 지원을 위한 특화형 TIPS 신설(3년, 15억원 이내)

| 내역사업 | 개발기간 및 지원한도 | 정부출연금 비율 | 지원방식 |
|---|---|---|---|
| 디딤돌 | 최대 1년, 1.2억원 | 80% 이내 | 자유공모 |
| 전략형 | 최대 2년, 3억원 | | 품목지정 |
| TIPS (특화형 TIPS) | 최대 2년, 5억원 (최대 3년, 15억원) | | 자유공모 |

## 사업 진행 절차는?

### 디딤돌 및 전략형

| 추진절차 | 시행주체 | 절차내용 |
|---|---|---|
| ① 사업공고 | 중소벤처기업부 | · 당해연도 지원사업 시행계획 공고<br>* 지원대상, 신청방법, 지원절차 등 |
| ② 신청·접수 | 주관연구개발기관 | · 온라인으로 사업계획서 신청·접수 |
| ③ 신청자격 검토 | 전문기관 | · 신청요건 충족여부 검토<br>* 주관기관 자격, 중복성, 참여제한, 의무사항 및 채무불이행 등 |
| ④ 서면평가 | 전문기관 | · 평가위원회 구성·운영 |
| ⑤ 선정평가 | 전문기관/<br>협업기관 | · 분야별 산학연전문가로 구성된 평가위원회(7인 내외)에서 기술성·사업성 평가 |
| ⑥ 과제선정 | 전문기관 | · 해당년도 예산규모 및 대면평가 결과 등을 고려하여 과제 선정 |
| ⑦ 협약체결 및 사업비 지급 | 전문기관,<br>주관연구개발기관 | · 전문기관과 주관기관간 협약체결 및 사업비 지급 |
| ⑧ 진도보고서 제출 | 전문기관,<br>주관연구개발기관 | · 협약기간의 1/2시점에 진도보고서를 종합관리시스템에 제출<br>* 필요시 현장점검 실시<br>* 총 개발기간이 12개월 이하인 사업의 경우는 진도보고서 제출을 생략할 수 있음 |
| ⑨ 최종보고서 제출 | 주관연구개발기관 | · 기술개발 및 사업비 집행결과 등 최종보고서 제출 |

| 구분 | 시행주체 | 내용 |
|---|---|---|
| ⑩ 최종점검 | 전문기관 | · 과제 수행기업 개발결과 및 예산 집행 확인 |
| ⑪ 사업비 정산 및 최종평가 | 전문기관 | · 사업비 집행내역 정산 및 목표대비 달성도 등 평가를 통한 성공여부 판정 |
| ⑫ 기술료징수 및 사후관리 | 전문기관 | · 기술료 납부고지서 발부 및 징수<br>· 개발성과 조사 및 분석 |

* (주관연구개발기관) 과제 신청 중소기업, (전문기관) 중소기업기술정보진흥원

## TIPS

| 구분 | 추진절차 | 시행주체 | 절차내용 |
|---|---|---|---|
| 운영사 선정 절차 | 사업공고 | 중소벤처기업부 | · 홈페이지 공고 |
| | 운영사 신청·접수 | 운영사 | · 사업계획서 제출(협력기관 컨소시엄 등) |
| | 운영사 선정평가 | 운영기관 | · 서면평가/현장실사/대면평가 |
| | 심의조정위원회 등 | 운영기관 등 | · 운영사 최종선정(추천권 배정) |
| | 협약체결 | 운영기관 등 | · 운영사-운영기관 간의 협약 |
| | 창업기업 발굴 | 운영사 등 | · 수시모집(매월) - 운영사로 사업 제안 |
| | 투자심사 | 운영사 | · 투자 대상 창업기업 선정 |

| | | | |
|---|---|---|---|
| 창업기업 선정 및 사업 수행 절차 | 창업기업 추천 | 운영사 | ·전문기관에 창업기업 추천(추천권 범위내) |
| | 창업기업 선정평가 | 전문/운영/전담 | ·투자적절성 검증/선정평가 |
| | 창업기업 최종선정 | 중소벤처기업부 | ·최종 신규 창업기업 확정 |
| | 연계사업 매칭지원 (해당시) | 전담기관 등 | ·창업자금, 해외마케팅 지원 |
| | 기술개발사업 협약체결 | 전문기관 등 | ·전문기관-주관연구개발기관 간 협약 |
| | 1차 연구개발비 지급 | 전문기관 등 | ·투자금-정부지원연구개발비 지급 |
| | 사업수행 | 주관연구개발기관 등 | ·기술개발, 운영사 멘토링, 보육 등 지원 |
| | 사업점검 | 운영사/운영기관 | ·마일스톤 관리, 후속투자, 연차 보고 등 |
| | 2차 연구개발비 지급 | 전문/운영기관 | ·기술개발사업 정부지원연구개발비 지급 |
| | 1차 최종평가 / 보고 | 운영사 등 | ·운영사 평가 후 최종보고서 등 제출 |
| | 최종평가(서면) | 전문/운영기관 | ·연구개발비 정산 및 과제 수행 결과 판정 |
| | 현장점검(필요시) | 전문/운영기관 | ·점검대상 선정 사유 및 점검 확인사항 검토 |
| | 재평가(필요시) | 전문/운영기관 | ·과제 수행 결과 판정 |

| | | | |
|---|---|---|---|
| 운영사 선정 절차 | 사후관리 | 전문기관 운영기관 | · 기술료 징수<br>· 성과관리(성과분석보고서) |
| | 운영보고서 제출 | 운영사 | · 연간 운영상황을 관리기관에 보고 |
| | 정기점검/ 중간평가 | 운영기관 | · 차년도 추천권 재배정/추가계약 여부 결정 |
| | 종료평가 | 운영기관 | · 수행실적 최종평가 / 계속 지정 여부 결정 |

* 2차 이상 투자·점검 등이 있는 경우 동일 절차 반복 진행, 사업비 지급은 전문기관→운영기관 출연금 교부
** (주관연구개발기관) (예비)창업팀, (전문기관) 중소기업기술정보진흥원, (운영기관) 한국엔젤투자협회

## 심사평가 주요 내용은?

접수된 사업계획서 내용, 사업목적과의 부합성 등을 중심으로 평가된다. 신청자격, 기술개발 및 사업화 역량, 과제중복성, 사업비 계상, 재무제표 등 증빙서류를 확인하고, 사업계획의 타당성·기술성·시장성·사업성 등에 대한 평가를 실시할 것이다.

### 제출 서류는?

사업신청서, 사업계획서, 사업자등록증, 재무제표, 창업기업확인서 등 기타 관련된 근거서류

> **민행24의 팁**
>
> 디딤돌의 경우 중소벤처기업부의 R&D사업을 한 번도 수행하지 않은 창업 7년 이하의 기업을 의미 합니다. 지원조건에 있는 매출액의 기준시점은 직전년도(2022년) 재무제표의 결산 매출액 기준입니다.(단, 전년도 매출이 확정되지 않은 경우, 전전년도 매출액을 기준으로 합니다.)이 사업은 단독형 사업으로 단독형에 해당하는 사업과 동시수행이 불가하며, 협력형 사업은 동시 수행이 가능합니다. (최대 2개) 창업기업의 입력 산정 기준일은 언제인가요? 과제 신청·접수 마감일 기준으로 입력을 산정한다는 점 참고하시기 바랍니다.

# 중소기업기술혁신개발
## (약 16억)

**민행24가 눈여겨본 점!**

대외 의존도가 높은 핵심기술의 기술자립도 제고를 넘어 핵심기술을 확보로 세계가치 사슬(GVC) 변화에 선제적 대응하기 위한 사업입니다. 생태계 강화 목적으로 정부가 수요-공급기업 간 협력모델을 구축하고, 스타트업→강소기업→으뜸기업으로 체계적 글로벌 소부장 기업 육성하겠다는 의도로 보입니다.

**지원 내용은?**

혁신역량 단계별 6개 내역사업으로 구분하여 최대 2~4년, 5~20억원 지원한다.

1) 수출지향형(510억원) : 수출유망 중소기업의 글로벌 시장 경쟁우위 확보 및 해외시장을 개척하여 지속 성장할 수 있도록 기술개발 지원

2) 시장확대형(445억원) : 민간의 선별·육성 역량을 활용하여 민간 주도의 기술 경쟁력 향상 및 혁신형 중소기업 육성을 위해 기술개발 지원

3) 시장대응형(147억원) : 전략분야 지원을 통해 혁신역량을 강화하고 일자리 창출 효과가 우수한 중소기업의 기술개발 지원

4) 강소기업100(43억원): 소재·부품·장비 유망 중소기업(강소기업100+)의 핵심전략 품목의 국산화 및 기술자립을 위한 기술개발 지원

5) 소부장 전략(160억원) : 소부장분야 혁신역량을 보유

한 소부장 전문기업 육성 및 성장을 위한 기술개발 지원

6) 소부장 일반(129억원) : 소부장분야 중소기업의 혁신 역량 강화를 통한 미래 신산업 창출을 위해 기술개발 지원

| 구분 | | 개발기간 및 지원한도 | 정부출연금 비중 | 지원방식 |
|---|---|---|---|---|
| 일반회계 | 수출지향형 | 최대4년, 20억 | 65% | 자유응모 |
| | 시장확대형 | 최대2년, 6억 | 75% | 자유응모(품목지정) |
| | 시장대응형 | 최대2년, 5억 | | 자유응모(품목지정) |
| 소특회계 | 강소기업100 | 최대4년, 20억 | 65% | 자유응모 |
| | 소부장 전략 | 최대2년, 6억 | 75% | 자유응모(품목지정) |
| | 소부장 일반 | 최대2년, 5억 | | 자유응모(품목지정) |

### 지원 대상은?

「중소기업기본법」 제2조의 규정에 의한 중소기업으로 세부 조건은 아래와 같다.

1)수출지향형: 매출액 50~100억 원 이상, 직·간접 수출액 100~500만 불 이상 달성한 중소기업 또는 글로벌 역량을 확보한 중소기업

2)시장확대형: 매출액 20억 원 이상인 기업 중 최근 3년 이내 민간투자 5~10억 원 이상 유치실적을 보유하면서 전략분야 기술을 개발하고자 하는 중소기업

3)시장대응형: 매출액 20억 원 이상인 기업 중 전략분야 기술을 개발하고자 하는 중소기업

4)강소기업100: 소재·부품·장비 강소기업100+ 선정기업

5)소부장 전략: 매출액 20억 원 이상인 기업 중 소재·부품·장비 전문기업 확인서를 보유한 중소기업

6) 소부장 일반: 매출액 20억 원 이상인 기업 중 소재·부품·장비분야 기술을 개발하고자 하는 중소기업

**이런 기업은 지원이 안 돼요!**
- 사업에 참여하는 연구개발기관, 대표자, 연구책임자가 국가연구개발사업에 참여제한 중인 경우

- 사업에 참여하는 연구개발기관, 대표자, 연구책임자가 접수마감일 현재 중소기업기술개발지원사업 관리지침의 지원 제외 사항에 해당되는 경우

**평가 내용은?**
연구개발계획서 및 사업목적과의 부합성 등을 중심으로 기술성·사업성, 연구개발역량 등에 대한 평가를 실시할 예정이다.

## 제출 세류는?

연구개발계획서, 신청자격서류 등을 제출해야 하며 자세한 신청 방법은 아래와 같다.

⑦ 최종점검·평가

▼

⑧ 사사후관리

> **민행24의 팁**
>
> 매출액 기준이 중요한데요. 직전년도(2022년) 재무제표의 결산 매출액 기준입니다.(단, 전년도 매출이 확정되지 않은 경우, 전전년도 매출액을 기준으로 합니다.) 중기부 내 동 사업은 단독형 사업[4] 창업성장기술개발사업, 중소기업기술혁신개발사업으로 단독형에 해당하는 사업과 동시수행이 불가하며, 협력형 사업은 동시 수행이 가능하다는 점 참고하셔야 합니다.

---

[4] 창업성장기술개발사업, 중소기업기술혁신개발사업

# 중소기업상용화기술개발
## (약 64억)

대·중소기업의 협력을 바탕으로 소재·부품·장비의 국산화 및 기술협력 생태계 마련을 위한 기술개발 지원한다.

**민행24가 눈여겨본 점!**

다양한 혁신·신산업 분야의 유망 스타트업 발굴·지원으로 창업 저변을 확대하기 위한 사업으로 민간과 정부 협력을 통한 유망 스타트업 발굴 및 딥테크 분야 집중 지원으로 글로벌 시장을 선도할 초격차 스타트업 육성하기 위한 것으로 보입니다.

**사업 내용은?**

구매조건부신제품개발의 경우 수요처 및 투자기업의 구매 수요가 있는 R&D, 투자 연계 R&BD를 지원하여 가치(공급)사슬의 경쟁력 확보하기 위함이다.

구매연계형 수요처의 구매수요가 있는 소부장 분야의 구매연계 R&D를 지원하여 가치(공급)사슬의 경쟁력 확보 및 안정적인 수익 창출 기반을 마련하는 것이 목적이다.

공동투자형은 투자기업의 투자수요가 있는 소부장 분야의 공동투자 R&D를 지원하여 중소기업의 기술경쟁력 확보 및 장기적인 파트너십 형성하기 위함이다.

**지원 내용은?**

구매조건부신제품개발(신규 1,096억원): 수요처 및 투자기업이 협력의사를 밝히고 개발을 제안한 과제에 중소기업의 기술개발자금 등 지원한다.

### 1) 구매연계형

수요처가 구매의사를 밝히고 개발을 제안한 과제에 중소기업의 기술개발 자금 지원하는 방식이다.

### 2) 공동투자형

투자기업이 투자의사를 밝히고, 개발을 제안한 과제에 정부와 투자기업이 공동으로 중소기업의 기술개발자금 등 지원하는 방식이다.

네트워크형기술개발(신규 120억원)의 경우 제품 전주기를 포괄하는 기업 간의 네트워크 협력 R&BD 지원한다. 중소기업 간 수평적 협력 네트워크 구축 및 R&BD의 사전기획으로 아이디어의 구체화를 지원하고, 신기술·신제품을 개발하고, 사업화하도록 중소기업 네트워크 협력체[5]의 기술개발자금 등 지원하기도 한다.

---

5   개발기업, 생산기업, 유통 및 판매기업 등

### 진행 절차는?

### 구매조건부신제품개발

▸ 자유공모 - 구매연계형

① **과제 제안** 중소기업→수요처

▼

② **구매동의서 등 발급** 수요처

▼

③ **과제 신청·접수** 중소기업→전문기관

▼

④ **선정평가** 전문기관

▼

⑤ **계약체결** 수요처↔중소기업

▼

⑥ **협약 및 자금지원** 전문기관→중소기업

▼

⑦ **과제관리** 전문기관

▼

⑧ **사후관리** 전문기관

▶ 자유공모 – 공동투자형

① **과제 제안** 중소기업→투자기업

▼

② **현장조사 및 기술성·사업성 심사** 투자기업

▼

③ **과제 신청·접수** 중소기업, 투자기업

▼

④ **선정평가** 전문기관

▼

⑤ **계약체결** 투자기업↔중소기업

▼

⑥ **협약 및 자금지원** 전문기관→중소기업

▼

⑦ **과제관리** 전문기관

▼

⑧ **사후관리** 전문기관

▸ 지정공모(공통)

① **RFP 신청·접수** 수요처, 투자기업→전문기관

▼

② **RFP 선정** 전문기관

▼

③ **과제 신청·접수** 중소기업→전문기관

▼

④ **선정평가** 전문기관
▼
⑤ **계약체결** 수요치, 투지기업↔중소기업
▼
⑥ **협약 및 자금지원** 전문기관→중소기업
▼
⑦ **과제관리** 전문기관
▼
⑧ **사후관리** 전문기관

# 스마트제조혁신기술개발
## (약 35억)

스마트공장 구축 및 기존 제조공정, 생산설비의 최적화를 위한 기술개발 및 스마트공장 도입을 위한 선행단계인 적용장비 장치 자동화 첨단화 등의 기술개발을 지원해주는 사업이다.

**민행24가 눈여겨본 점!**

중소벤처기업부·산업통상자원부·과학기술정보통신부 업무협약을 통해 스마트공장 관련 기술개발은 중기부 중심의 다부처 기술개발사업 수행 방침에 합의한 것으로 보입니다. '2030 제조 4강' 달성을 위한 스마트파워 기반 선도형 신사업 육성 및 제조생태계 구축이 목적인 사업이라고 보면 됩니다.

### 사업 내용은?

우리나라 주력산업군의 성장 정체와 불경기로 인한 제조업 장기 침체에 대한 우려를 불식시키기 위해서는 4차 산업혁명을 필두로 하는 ICT 신기술(AI, 빅데이터 등)에 부합하는 새로운 성장동력의 발굴이 필요하다.

이에 기존 제조공정, 생산설비의 최적화를 위한 기술개발 및 스마트공장 도입을 위한 선행단계인 적용장비 장치 자동화 첨단화 등의 기술개발을 지원해주는 사업이다.

DNA(Data, Network, AI) 기술 기반의 스마트 제조혁신가속화 고도화와 스마트공장 공급기업의 경쟁력 제고를 위한 사업이라고 할 수 있다.

### 사업 목표는?

스마트제조기술 역량강화가 목적으로 스마트 제조혁신 기술개발사업 예비타당성조사 보고서에 따르면 제조업부가가치율이 상승[('18년)25% → ('25년)27%]한 데 따른 것이다.

> **민행24의 팁**
>
> 주무부처의 경우 2개 부처(중소벤처기업부 제조혁신정책과, 과학기술정보통신부 정보통신산업정책과)가 참여하는 범부처 사업으로 기획된 이 사업은 2021년부터 2025년까지 5년 간 총사업비만 8,243억 원(국고 6,243억 원, 민자 2,000억 원)이 투자되는 적지 않은 규모라는 점 참고해주시기 바랍니다.

# 중소기업연구인력지원
## (약 4억)

중소기업 연구인력지원을 통해 이공계 연구인력(학·석·박사)을 양성·공급(채용, 파견)하여 중소기업 기술경쟁력 강화하기 위함이다.

★ ★ ★ ★ ★

**민행24가 눈여겨본 점!**

채용의 경우 연간 약 800~900명 연구인력을, 파견은 연간 약 65개 중소기업 파견지원을 하는 사업이며, 지역 내 우수 대학-중소기업 연계를 통해 실무 경험을 습득한 현장맞춤형 연구인력을 양성하기도 하는 사업입니다(연간 약 400명 연구인력 양성)

### 중소기업 연구인력 지원

### 1) 공공연 연구인력 파견지원

공공연구기관(출연연, 전문연) 소속 연구인력을 중소기업으로 파견하여 기술개발 지원 및 연구 노하우 전수 기업은 "공공연 연구인력 파견지원사업 지원수요서(www.smtech.go.kr에서 다운로드 가능)"를 작성하여 국가과학기술연구회(주관연구개발기관)에 제출하면 된다. 지원수요서는 파견연구기관으로 전달되며, 파견연구기관은 파견 가능 연구인력을 검토 후 기업-인력 간 매칭을 진행한다. 다만, 파견 가능한 연구인력이 없는 경우 매칭이 되지 않을 수 있다.

### 지원 대상은?

기업의 경우 기업부설연구소(연구개발전담부서)를 보유한 기술혁신형 또는 경영혁신형 중소기업·벤처기업이 해당된다. 출연연·전문연 등 공공연구기관 소속 연구인력 파견지원도 가능하다.

### 지원 내용은?

- 3년 이내(1회에 한해 연장), 기업별 1명 공공연 파견인력 인건비 50% 지원한다.
- 추가연장 지원: 파견인력을 기업소속 정규직으로 채용한 경우 최대 3년간 연봉의 60% 지원한다.

### 심사평가 주요 내용은?

서면평가와 현장평가를 통해 신청품목의 부합성, 기업의 경영·재무역량, 연구개발역량, 지원인력 활용계획 적정성, 중소기업일자리평가 등을 종합하여 선정한다.

\*신청 절차
▸ 신진 연구인력 채용지원 / 고경력 연구인력 채용지원

① **시행계획 수립** 중기부

▼

② **사업공고** 중기부/전문기관

▼

③ **신청·접수** 주관연구개발기관

▼

④ **사전검토 및 서면평가** 평가단/주관연구개발기관

▼

⑤ **선정 통보** 주관연구개발기관

▼

⑥ **운영설명회 및 협약** 주관연구개발기관

▼

⑦ **중간·연차점검** 주관연구개발기관

▼

⑧ **사후관리** 전문기관/주관연구개발기관

* (전문기관) 중소기업기술정보진흥원, (주관연구개발기관) 한국산업기술진흥협회 등

▶ 공공연 연구인력 파견지원

* (전문기관) 중소기업기술정보진흥원, (주관연구개발기관) 국가과학기술연구회 등

▶ 중소기업 연구인력 현장맞춤형 양성지원

① **시행계획 수립** 중기부

▼

② **연구인력 혁신센터 선정** 중기부/전문기관

▼

③ **사업공고** 중기부

▼

④ **현장형 기획연구 신청·접수** 전문기관기관

▼

⑤ **현장형 기획연구 협약·운영·종료**
전문기관/ 주관연구개발기관

▼

⑥ **중소기업 취업연계 및 기업맞춤형 R&D 신청·접수**
전문기관

▼

⑦ **기업맞춤형 R&D 협약·운영·종료**
전문기관/ 주관연구개발기관

▼

⑧ **사후관리** 전문기관/주관연구개발기관

* (전문기관) 중소기업기술정보진흥원, (주관연구개발기관) 대학, 공공연 등

### 중소기업 연구인력 지원

## 2) 신진 연구인력 채용지원

중소기업에 신진 연구인력 채용지원을 통해 중소기업의 성장동력 강화하기 위한 것으로 보인다.

### 지원 대상은?

기업부설연구소(연구개발전담부서)를 보유한 중소기업 혹은 이공계 학·석·박사 학위취득 후 5년 이내자(만 39세 이하) 채용지원을 한다.

### 지원 내용은?

최대 3년, 학·석·박사 각 기준연봉의 50% 지원한다.
- 기준연봉(정부지원액) : 학사 3,000만원(1,500만원), 석사 4,000만원(2,000만원), 박사 5,000만원(2,500만원)

**심사 평가 내용은?**

신청서류를 서면으로 평가한다. 기업의 재무상태 및 R&D 투자, 연구인력 활용계획, 고용영향평가점수 등을 종합하여 선정한다.

**진행 절차는?**

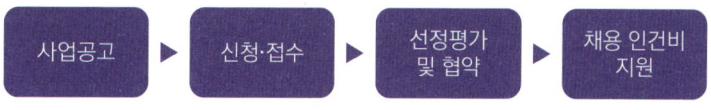

**민행24의 팁**

지원인력의 경우 한 번 사업에 참여한 후에는 다시 참여할 수 없습니다. 만약 채용지원을 받은 인력이 개인사정으로 인해 자진퇴사한 후, 타회사에 입사하여 채용지원사업을 또 신청할 수 없다는 점 주의해야 합니다. 지원받는 인력이 타 정부사업 R&D에도 참여 가능하며 인건비는 현물로만 계상해야 합니다. 또한 지원받은 인력의 인건비 중 기업부담비율만큼 참여율 신청이 가능합니다.

**중소기업 연구인력 지원**

### 3) 고경력 연구인력 채용

중소기업에 고경력 연구인력 채용지원을 통한 중소기업의 R&D 역량을 강화하기 위한 지원

### 지원 대상은?

기업부설연구소(연구개발전담부서)를 보유한 중소기업 또는 이공계 출신, 기업·공공연·대학 등의 연구경력 학사 14년, 석사 10년, 박사5년 이상 경력자 채용을 지원한다.

### 지원 내용은?

최대 3년, 기업별 1명, 기업 계약연봉의 50% 지원(5,000만원 한도)

### 평가 방법은?

기업의 재무상태 및 R&D 투자, 연구인력 활용계획, 고

용영향평가점수 등을 종합하여 신청서류를 서면 평가한다.

**추진 절차**

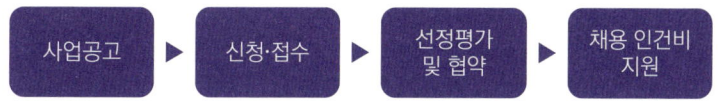

# 산학연 콜라보 R&D
## (약 40억)

산학연 협력R&D 활성화를 통한 중소기업 혁신성장 촉진과 일자리 창출을 위한 사업이다.

★★★★★

**민행24가 눈여겨본 점!**

기술혁신이 필요하지만 자체 역량이 부족한 중소기업에게 외부 자원을 활용한 R&D 기회를 제공함으로써, 중소기업 기술경쟁력 제고 및 기술기반 중소기업 확대하기 위한 사업입니다. 예비 연구(PoC)를 통해 기술개발 성공가능성이 검증된 프로젝트를 지원함으로써 기술개발을 통한 매출 향상을 기대해볼 수 있습니다.

### 참여 기업은?

기업부설연구소 또는 연구개발전담부서 보유 중소기업이거나 설립계획이 있는 모든 중소기업이 대상이다. 2단계 사업화 R&D 신청일까지 기업부설연구소 또는 연구개발전담부서를 보유하여야 한다. 혹은 중소기업지원 전담조직을 보유하고 있는 대학 또는 비영리 연구기관도 참여 가능하다.

### 지원 내용은?

①예비연구(PoC) → ②사업화R&D

1)산학협력 기술개발

대학의 보유자원(인력·기술·장비 등)을 활용하여 연구인력 확보가 어려운 중소기업의 협력R&D를 지원한다.

2)산연협력 기술개발

연구기관의 전문기술 분야에 기반하여 중소기업의 혁신과 성장에 필요한 사업화 중심의 협력R&D를 지원한다.

## 지원 내용 및 한도

| 구분 | | 개발기간 및 지원한도 | 정부출연금 비중 | 지원방식 |
|---|---|---|---|---|
| 산학협력 | (1단계) 예비연구 | 최대 8개월, 0.5억원 | 75% 이내 | 자유공모 |
| | (2단계) 사업화R&D | 최대 2년, 3억원 | | |
| 산연협력 | (1단계) 예비연구 | 최대 8개월, 0.5억원 | | |
| | (2단계) 사업화R&D | 최대 2년, 3억원 | | |

### 평가 주요 내용은?

예비연구의 경우 서면평가와 대면평가를 거쳐 최종선정하며 산학연협력의 필요성 및 적합도, 고용 친화도, 창의·도전성, 과제수행 역량, 예비연구의 차별성 및 타당성, 연구방법의 적정성 등을 종합적으로 평가한다. 이때 사업화 기술개발계획, 사업성, 산학연 협력 적합도, 지식재산권 확보방안, 고용친화도 등을 종합적으로 평가한다. 평가기간 단축을 위해 평가단계 조정도 가능하다.

## 처리 절차

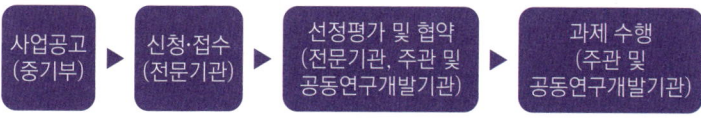

### 민행24의 팁

1단계 예비연구 선정기업이 모두 2단계 사업화 R&D를 지원받을 수 있는 건 아닙니다. 1단계 예비연구 결과를 평가하여 사업화 가능성이 높은 50% 내외의 과제만 2단계 사업화 R&D을 지원받을 수 있습니다. 또한 1단계 신청없이 바로 2단계(사업화R&D) 신청할 수 없으며 1단계(예비연구) 수행과제를 수행해야만 2단계 신청 가능합니다.

# 중소기업기술정보진흥원 기획평가관리비 (약 20억)

중소기업기술정보진흥원 기획평가관리비(지특)) 중소기업 R&D 사업 추진을 위하여 R&D 사업 기획, 과제평가, 사업관리에 필요한 기획·평가·관리비 지원하는 사업.

★★★★★

**민행24가 눈여겨본 점!**

중소기업R&D지원사업의 기획·평가·관리 등의 운영에 중점 지원하여 중소기업 기술혁신을 제고하는 동시에 사업화를 촉진해주는 사업으로 기획비와 평가비, 관리비의 항목으로 구성되어 있으니 눈여겨보시기 바랍니다.

**지원 내용은?**

연구개발 사업 및 과제발굴을 위한 기술예측, 기술수요 조사, 해외사례 조사 등 사업 및 과제 기획업무를 목적으로 소요되는 기획비, 연구개발사업 추진을 위한 선정평가, 단계 및 최종평가 등 사업과 과제의 평가업무 수행을 목적으로 소요되는 평가비, 기술료 징수, 성과추적 조사 등 과제종료 이후의 성과확산 및 연구개발사업 관리를 위한 일련의 업무수행에 소요되는 관리비가 있으며, R&D사업 기획·평가·관리를 위한 내·외부인력 인건비와 연구개발사업 관리를 위한 직접적인 목적은 아니나, R&D사업수행에 부가적으로 소요되는 간접적 경비로 구분된다.

**주의! 지원이 안되는 기업**

- 사업에 참여하는 자(주관연구개발기관, 공동연구개발기관, 대표자, 과제책임자 등)가 접수마감일 현재 사

업별 의무사항(각종 보고서 제출, 기술료 납부, 회수금 또는 제재부가금, 환수금 납부 등)을 불이행하고 있는 경우, 국가연구개발사업에 참여제한 중인 경우.

- 기업의 부도/휴·폐업, 국세·지방세 체납, 금융기관 등의 채무불이행, 부채비율이 1,000% 이상인 경우(창업 3년 미만인 업체는 예외이며, 부채비율 계산시 투자유치를 통한 신규차입금은 부채총액에서 제외 가능), 기업이 자본전액잠식 상태에 있는 경우(창업 3년 미만인 업체는 예외), 파산·회생절차·개인회생절차의 개시 신청이 이루어진 경우.

**심사평가 주요 내용은?**

기술성: 기술개발 방법 구체성, 기술보호 및 지식재산권 확보방안

1)사업성 : 사업화 계획의 실현가능성

2)기술개발역량 : 기업의 R&D역량 및 연구윤리
3)파급효과 : R&D 경제적, 기술적 파급효과
4)자금집행계획 : 연구개발 집행계획의 적정성

> **민행24의 팁**
>
> 국가 R&D를 처음 도전하는 기업이라면 R&D를 처음하는 경우 대학, 연구기관과 같이 R&D를 수행하는 산학연Collabo R&D사업이 있다. 1단계 예비연구 후 2단계 사업화 R&D까지 참여 할 수 있다. 규모가 작은 기업이라면 7년 미만의 창업기업 전용R&D인 창업기술개발지원사업을 참고하자. 창업지원사업 내 디딤돌, 전략형, TIPS로 나누어져 지원금액과 지원기간이 다르니 세부공고를 참조하여 신청하면 된다.

# K-바이오 랩허브 구축사업
# (약 30억)

K-바이오 랩허브는 9년 사업기간 동안 총 예산 2726억원(국비 1095억원, 지방비 1550억원, 민간 81억원)을 투입하는 대규모 중장기 사업이다. 의약·바이오 분야 혁신 스타트업 육성을 목적으로 미국 보스턴 랩센트럴과 같은 세계적인 바이오 스타트업 육성 인프라를 구축하는 사업이다.

**민행24가 눈여겨본 점!**

창업 초기 기업들이 입주하여 바로 사용할 수 있는 공용·핵심 연구장비 및 신약개발을 위한 모형화(모델링) 연구장비 등을 갖춰 연구개발 환경이 잘 조성되어 있습니다. 창업기업 중심의 성숙한 생명공학(바이오) 생태계 조성을 비롯해 혁신기술 확보 등 세계 시장 선점을 기대해볼 수 있는 사업입니다.

**사업 내용은?**

중기부는 K-바이오 랩허브를 함께 구축·운영하는 과정에서 인천시, 연세대뿐만 아니라 송도 바이오 혁신클러스터에 입주한 셀트리온, 삼성바이오로직스를 비롯해 SK바이오사이언스, 유한양행, HK이노엔, GC녹십자, 대웅제약 등 주요 의약·바이오 기업과 협력하고 있다. 국내 대표 의약·바이오 분야 대기업과 스타트업이 협력해 개방형혁신(오픈이노베이션) 기반 성장을 지원하기 위해서다.

오는 2025년까지 시설구축을 마치고 2026년부터 시설운영과 창업기업에 대한 지원이 이뤄진다.

**[전략분야 1] 능동형 지원 프로그램**

- 기술개발 병목구간, 사업화 애로요인 해결을 위한 프로그램 지원, 상주 전문가들을 통한 엑셀러레이팅 프로그램 운영

[전략분야 2] 실효적 네트워킹 플랫폼

- 온라인 플랫폼 및 K-바이오 랩허브 내 커뮤니티 시설을 기반으로 산·학·연·병·VC 개방형 네트워킹 프로그램과 현지 글로벌 네트워킹 강화 프로그램 지원

[전략분야 3] 특화/상주전문인력 양성

- K-바이오 랩허브 상주 전문가의 연속성을 위한 분야별 전문가 양성과 입주기업의 혁신역량 향상을 위한 특화 및 융합 교육 커리큘럼 수립 및 운영

[전략분야 4] 밸류체인 집적형 인프라

- 혁신 기술개발 기간 단축 및 애로요인 해소, 밸류체인 구성을 위한 의약 바이오 스타트업 특화 입주공간 및 커뮤니티교육시설, 공용 특화 장비, GMP/Pilot 생산시설 구축 (BSL 3등급)

**지원 대상은?**

1) 8개 의약바이오 분야 스타트업

- 단백질의약품 / 치료용항체 / 백신 / 효소의약품 / 세포 및 조직치료제 / 유전자의약품 / 저분자의약품 / 약물전달시스템

2) 바이오산업의 특성 및 신약개발 절차를 고려하여 기업 성장단계를 지원한다.

- 신약개발을 위한 기초연구, 시제품 제작을 위한 직접적인 시설·장비 구축한다.

- 연구장비 및 시설 구축 외 협력체계를 활용하여 인허가 상용화 단계로 가기 위한 기술 사업화, 네트워킹, 전문인력 등에 대한 다각도 사업화 지원한다.

## 집행 절차는?

### 사업단 및 사업운영 절차

| 추진절차 | 시행주체 | 절차내용 |
|---|---|---|
| ① 사업단장 선정 및 사업단 구성 | 중기부, 전문기관 | 예타 결과 및 예산편성을 고려한 사업단 선정과 상세(과제) 기획 준비 |
| ② 사업단 선정 및 사업단 구성 | 중기부, 전문기관 | 사업단장 선정과 사업단 조직 및 인력구성 |
| ③ 건축공모 | 사업단, 전문기관 | 사업 시행계획공고 및 사업 설명회 개최 건축 입찰 공고, 평가 및 선정 |
| ④ 연차평가 | 사업단, 전문기관 | 연구목표 달성도, 차년도 계획의 적절성을 중심으로 연차실적보고서를 제출(인프라 포함) |
| ⑤ 중간(단계)평가 | 사업단, 전문기관 | 1단계 사업의 목표달성도 및 목적부합성을 점검하고(인프라 및 거버넌스), 점검 결과를 바탕으로 2단계 사업계획 조성 및 상세 수행계획 수립 |
| ⑥ 신규공모 (입주프로그램 등) | 사업단, 전문기관 | 사업 시행계획 공고 및 사업설명회 개최 프로그램별 공고, 평가 및 선정 |
| ⑦ 연차평가 | 사업단, 전문기관 | 연구목표 달성도, 차년도 계획의 적절성을 중심으로 연차실적보고서를 제출 |
| ⑧ 중간(단계)평가 | 사업단, 전문기관 | 총 사업기간(10년)의 1/2시점에서의 사업 중간 평가 |
| ⑨ 최종평가 | 사업단, 전문기관 | 최종 목적 및 목표 달성여부를 평가하고, 사업효과 평가를 위한 추적평가 계획 수립 |

R&D 추진 절차

① **참여기업 모집·선정** 의약 바이오 창업기업 신청

▼

② **전문컨설팅** 활용프로그램 사업비 확정

▼

③ **연구활동** 프로그램 참여

▼

④ **연차별 성과평가** 차년도 연구 계획 조정

▼

⑤ **졸업 연계지원** 연구성과 홍보 연계 지원

**민행24의 팁**

복지부 및 특허청이 사업기획과정 뿐만 아니라 사업 운영과정에서의 협력방안을 마련하고 공동 추진할 것으로 보입니다. 특히 바이오 클러스터 간 '범부처 참여 바이오클러스터 협의회'를 운영하고 지역 바이오 클러스터와의 연계·협력방안 추진하게 됩니다. 뿐만 아니라 연세대 부지 내 위치한 다양한 기관과의 협업계획을 수립하고 기업자문, 협력연구, 인력양성, 임상지원 등 협력을 추진할 계획으로 보입니다.

# 부록
: 중소 기업이 알아두면 좋은 제도

### 1. 중소기업지원 정책정보시스템(기업마당)

중앙부처·지자체·공공기관 등의 중소기업지원 정책정보를 수집하여 적시 제공하는 정책정보 포털 사이트이다. 중앙정부, 지자체 등 여러 기관에 산재되어 있는 정책정보를 한눈에 파악할 수 있다.

1. 정책정보 제공: 지원 분야별 최신 지원사업 공고, 정책뉴스 등을 웹사이트, 모바일 앱, E-mail 등 다양한 매체로 안내받을 수 있다.
2. 부가서비스: 교육·세미나·전시회 정보 및 기업업무서식(근로계약서, 사업계획서, 견적서 등 2,700여종) 제공된다.

*참고 기관
중소벤처기업부 정책분석평가과: 044-204-7477
홈페이지 및 모바일앱
- 웹사이트: www.bizinfo.go.kr
- 모바일앱: 구글 플레이 또는 앱스토어에서 '기업마당' 검색

## 2. 벤처기업 확인제도

벤처기업으로서 벤처기업육성에 관한 특별조치법 등에 따른 지원을 받으려는 기업이 벤처기업 해당 여부에 대하여 벤처기업확인기관에 확인을 요청하는 제도이다. 일반적으로 첨단의 신기술과 아이디어를 개발하여 사업에 도전하는 기술집약형 중소기업을 의미하며, 법적으로는 「벤처기업육성에 관한 특별조치법」 제2조의2의 요건에 해당하는 기업을 의미한다.

## 벤처기업 요건

1. 중소기업일 것
2. 벤처기업법 제2조의2(벤처기업 요건)의 세 가지 유형 중 하나에 해당할 것(벤처투자유형, 연구개발유형, 혁신성장유형)

| 유형 | 확인요건 |
|---|---|
| 벤처투자 | · 적격투자기관으로부터 유치한 투자금액 5천만원 이상<br>· 자본금 대비 투자금 10%(문화콘텐츠 7%) 이상 |
| 연구개발 | · 기업부설연구소, 연구개발전담부서, 기업부설창작연구소, 기업창작전담부서 중 1개 이상 보유<br>· 연구개발비 연간 5천만원 이상 및 매출액 대비 연구개발비 5% 이상<br>  * 창업 3년 미만 기업은 매출액 대비 연구개발비 비율 적용 제외<br>· 사업의 성장성이 우수한 것으로 평가 |
| 혁신성장 | · 기술의 혁신성과 사업의 성장성이 우수한 것으로 평가<br>  * 예비창업자에게 부여하는 예비벤처는 별도 기준 |

## 발급 절차

중소기업이면서 유형별 확인요건 중 하나를 충족하는 기업에 대하여 벤처기업확인기관이 지정한 전문평가기관의 현장실제조사 후 벤처기업확인위원회가 심의·의결하여 확인서 발급된다.

**온라인신청 (연중)**
벤처확인종합관리시스템
(www.smes.go.kr/venturein) 접속 후 신청
(벤처기업확인기관 ☎ 1566-6487)

▼

**현장 실제조사**
확인유형별·업종별·지역별 전문평가기관이 현장조사 실시
(혁신성·성장성 중심의 요건검토 및 현장실제조사)

▼

**심의·의결**
민간 전문가로 구성된
벤처기업확인위원회 심의·의결

▼

**확인서 발급**
벤처기업확인기관(온라인 발급)

▼

**종합연계지원**
금융, R&D, 판로수출 등
정부부처 및 유관기관 사업 우대지원

## 지원 혜택

| 분류 | 내용 | 법적근거 |
|---|---|---|
| 세제 | · 법인세·소득세 최초 벤처확인일부터 5년간 50% 감면<br>　* 대상 : 창업벤처중소기업(창업 이후 3년 이내에 벤처확인을 받은 기업) | 조특법§6② |
| 세제 | · 취득세 75% 감면<br>· 재산세 최초 벤처확인일부터 3년간 면제, 이후 2년간 50% 감면<br>　* 대상 : 창업벤처중소기업은 최초 벤처확인일부터 4년 이내, 청년창업벤처기업의 경우에는 최초 벤처확인일부터 5년 이내 | 지특법§58의3② |
| 금융 | · 기술보증기금 보증한도 확대<br>　* 일반 30억원 → 벤처 50억원, 벤처기업에 대한 이행보증과 전자상거래담보보증 70억원<br>· 코스닥상장 심사기준 우대<br>　* 자기자본 : 30억원 → 15억원<br>　* 법인세비용차감전계속사업이익 : 20억원 → 10억원<br>　* 기준 시가총액 90억원 이상이면서 법인세비용차감전계속사업이익 20억원 → 10억원 이상<br>　* 법인세비용차감전계속사업이익이 있고 기준 시가총액 200억원 이상이면서 매출액 100억원 → 50억원 이상<br>　* 기준 시가총액 300억원 이상이면서 매출액 100억원 → 50억원 이상 | 코스닥시장 상장규정 §28①2 |

| 구분 | 내용 | 근거 |
|---|---|---|
| 입지 | · 벤처기업육성촉진지구 내 벤처기업에 취득세·재산세 37.5% 경감 | 지특법§58④ |
| | · 수도권과밀억제권역 내 벤처기업집적시설에 입주한 벤처기업에 취득세(2배)·등록면허세(3배)·재산세(5배) 중과 적용 면제 | 지특법§58② |
| M&A | · 대기업이 벤처기업을 인수·합병하는 경우 상호출자제한기업집단으로의 계열편입을 7년간 유예 | 공정거래법 시행령 §5②5 |
| 인력 | · 기업부설연구소 또는 연구개발전담부서의 인정기준 완화<br>  * 연구전담요원의 수 소기업 3명(3년 미만 2명), 중기업 5명, 매출 5천억 미만 중견기업 7명, 대기업 10명 이상 → 벤처기업 2명 이상 | 기초연구법 시행령 §16의2① |
| | · 기업부설창작연구소 인력 기준 완화<br>  * 일반 10명, 중소기업 5명 이상 → 벤처기업 3명 이상 | 문산법 시행령 §26① |
| | · 스톡옵션 부여 대상 확대<br>  * 임직원 → 벤처기업이 인수한 기업(주식의 30% 이상 인수)의 임직원, 기술·경영능력을 갖춘 외부인, 대학, 연구기관 | 벤처법 §16의3① |
| | · 총 주식수 대비 스톡옵션 부여 한도 확대<br>  * 일반기업 10%, 상장법인 15% → 벤처기업 50% | 벤처법 시행령 §11의3⑦ |

| 광고 | · TV·라디오 광고비 3년간 최대 70% 할인, 정상가 기준 30억원(105억/3년) 한도<br>· TV·라디오 광고제작비 지원(택 1) - TV 최대 50%·라디오 최대 70% 지원<br>* 대상 : 한국방송광고진흥공사에서 자체 규정에 따라 별도 선정 | kobaco 규정 |
|---|---|---|

## 제한 업종

| 업종 | 분류코드 |
|---|---|
| 1. 일반 유흥 주점업 | 56211 |
| 2. 무도 유흥 주점업 | 56212 |
| 3. 기타 주점업 | 56219 |
| 4. 블록체인 기반 암호화 자산 매매 및 중개업 | 63999-1 |
| 5. 기타 사행시설 관리 및 운영업 | 91249 |
| 6. 무도장 운영업 | 91291 |

※ 벤처기업육성에 관한 특별조치법시행령 별표1

***참고 기관**

중소벤처기업부 벤처혁신정책과 : 044-204-7705
- 벤처기업확인기관 : 1566-6487
- 벤처확인종합관리시스템 : www.smes.go.kr/venturein

### 3. 이노비즈 확인제도

기술경쟁력과 미래 성장가능성을 갖춘 기술혁신형 중소기업(이노비즈, Inno-Biz)을 발굴·선정하여 자금, 기술, 판로 등 정부의 지원시책 연계를 통해 글로벌 경쟁력을 갖춘 혁신기업으로 육성하는 제도이다. 중소기업기본법 제2조의 중소기업 중 업력 3년 이상인 기업이 지원 대상이다.

#### 선정 기준

기술혁신시스템평가 점수가 700점(1,000점 만점) 이상이고 개별기술평가 결과가 B등급 이상인 기업이어야 한다.

#### 신청 및 접수

이노비즈넷(www.innobiz.net)에 접속하여 기업등록 후, 안내에 따라 온라인 자가진단(기업 자체 실시) → 평가 결과 650점 이상이면 기술보증기금에서 현장평가 진행한다.

### 심사평가 내용

기술혁신능력, 기술사업화능력, 기술혁신경영능력, 기술혁신성과 등을 평가한다.

### 신청 절차

**온라인신청 및 자가진단 (연중)**
- 이노비즈넷(www.innobiz.net) 접속 후 기업등록
- 온라인 자가진단 결과 650점(1,000점 만점) 이상일 경우 현장평가 가능
  * 문의처 : 중소기업기술혁신협회(이노비즈협회)
    ☎ 031-628-9600

▼

**기술보증기금현장평가**
- 기술혁신시스템평가 700점(1,000점 만점) 이상 및 개별기술수준평가 B등급 이상일 경우 현장평가 통과
  * 기술보증기금 전문평가인력에 의한 현장평가 실시
  * 문의처 : 기술보증기금 해당지역 평가센터
    ☎ 1544-1120

▼

**확인서 발급**
- 중소벤처기업부 (해당기업의 본사 소재지 지방청에서 확인서 발급)

▼

**종합연계지원**
- 금융, R&D, 판로수출 등 정부부처 및 유관기관 사업 우대지원

## 지원 혜택

| 분야 | 지원내역 | 우대 사항 |
| --- | --- | --- |
| 세제 | 수도권 취득세중과 면제 | · (기존) 수도권 내 취득세 중과 3배 → (개선) 중과 면제<br>※ 단, 예외지역 존재 등으로 지자체 세무과 상담 필수 |
| | 정기조사 유예 | · 정기 세무조사 수도권 2년, 지방 3년간 유예 * 정기 세무조사(4년) + 유예(수도권 2년, 지방 3년)<br>· 관세조사 1년간 유예<br>※ 단, 탈루혐의가 있거나 국세부과 제척기간 도래 시 제외 |
| | M&A | · 이노비즈 기업 합병 및 지분취득 시 법인세 10% 공제<br>· M&A 절차 간소화 특례 : 벤처기업에게 적용하는 합병절차 특례를 이노비즈 기업에게도 동일하게 적용 |

| 금융 | 세금포인트 적립 우대 | ・국세청에서 부과하는 세금포인트 관련 적립 우대 납부세금 (기존) 10만원당 1점 → (우대) 10만원당 2점 |
|---|---|---|
| | 금융지원 협약보증 | ・이노비즈 채움금융(농협은행) : 대출금리 최대 1.65% 우대<br>・소재부품전문기업 성장지원(신한은행) : 대출금리 0.2% 우대<br>・스마트공장 혁신지원(신한은행) : 대출금리 0.3% 우대<br>・기술보증기금 보증료률 감면 : 최대 0.4% 감면<br>　※ 단, 타 감면사유와 중복적용 불가/최초 신규보증일로부터 최대 2년간 적용<br>・기술평가보증으로 최대 100% 전액 보증 가능<br>　* 협약 금융기관 : 산업, 기업, 우리, 하나, 농협, 외환, 국민, 신한, SC, 씨티, 대구, 부산, 경남, 전북은행<br>・기술보증기금 보증한도 확대 (최대 50억)<br>　* 이행보증 및 전자상거래 보증의 경우 70억<br>・신용보증기금 매출채권보험 보험료 15% 할인<br>・서울보증보험 보증한도(최고 30억) 우대 및 이행보증요율 우대(10%)<br>・무역보증보험료 할인(20%) 및 이용한도 최대 1.5배 우대<br>・농림수산업자신용보증기금 보증한도 우대 (최대 30억) |

| | | |
|---|---|---|
| 정책 | 코스닥 상장 요건 완화 | · 자기자본(30억 → 15억), 최근 당기순이익(20억 → 10억), 자기자본이익률(100분의10 → 100분의 5) 등 |
| | R&D | · 기술자료 임치 수수료 1/3 감면<br>· 스마트 제조혁신 기술개발, 스마트서비스 ICT솔루션개발, 건강기능식품 개발 지원, 중소기업 기술혁신개발, 위기지역 중소기업 Scale-up R&D 지원, 중소기업 R&D 역량제고, 소재부품장비 전략협력 기술개발, 해외 인증규격 적합제품 기술개발, 중소기업 기술개발 지원, 중소기업 네트워크형 기술개발, 중소기업 구매조건부 신제품 개발 지원 사업 등 가점 및 참여조건 우대 |
| | 판로 및 수출 | · 글로벌강소기업 지정제도 사업 신청자격 우대<br>· 조달청 물품구매 적격심사 신인도 평가 가점(2.0점, 제조업 2.5점)<br>· 조달청 일반용역 적격심사 신인도 평가 가점(1.5점)<br>· 한국방송광고진흥공사 방송광고 지원(최대 70% 할인) |
| | 인력 및 기타 | · 산업기능요원(제조/생산분야 가점 4점)<br>· 전문연구요원제도(연구/학문분야 가점 5점)<br>· 중소기업 R&D기획역량제고사업 기술전문가 활용 (가점 1점)<br>· 중소기업연구인력 지원사업 공공연 연구인력 파견 분야 지원자격 우대<br>  * 기업별 1명, 최대 3년 이내 지원 |

**\*참고 기관**

중소벤처기업부 기술혁신정책과 : 044-204-7746
(사)중소기업기술혁신협회(이노비즈협회) : 031-628-9600
전용정보사이트 : 이노비즈넷(www.innobiz.net)
전화상담은 국번없이 1357, 정책정보는 기업마당(www.bizinfo.go.kr)

## 4. 메인비즈 확인제도

기술 분야뿐만 아니라 전 업종의 기업군에서 경영혁신활동으로 기업의 경쟁력 확보 및 미래 성장가능성이 있는 중소기업을 발굴·선정하여 자금, 기술, 판로 등 정부의 지원시책 연계를 통해 글로벌 경쟁력을 갖춘 혁신기업으로 육성하는 제도이다.

### 선정 대상

중소기업기본법 제2조의 중소기업 중 업력 3년 이상인 기업이 대상이다.

### 선정 기준

경영혁신시스템평가 점수가 700점(1,000점 만점) 이상 또는 한국생산성본부의 생산성경영시스템평가 결과 PMS 3등급 이상 기업

### 신청 및 접수

메인비즈넷(www.mainbiz.go.kr)에 접속하여 기업등록, 안내에 따라 온라인 자가진단을 실시한 후 평가 결과가 600점 이상이면 평가기관에서 현장평가 실시한다(평가기관 : 신용보증기금, 기술보증기금, 한국생산성본부)

### 평가 지표

기업의 업종*에 따라 경영혁신인프라, 경영혁신활동, 경영혁신성과 평가한다.

### 제출 서류

메인비즈넷에 접속해 기업정보, 주생산품, 서비스품목, 재무사항 등 입력하면 된다.
이때 최근 3년간 재무제표, 법인등기부등본, 경영계획서 등 현장평가 시 제출

## 신청 절차

**온라인신청(연중)**
- 메인비즈넷(www.mainbiz.go.kr) 접속 후 기업 등록, 자가진단결과 600점 이상일 경우 현장평가 신청 가능
  ((사)한국경영혁신중소기업협회 ☎ 1666-5001)

▼

**현장·경영평가**
- 경영혁신인프라·활동·성과 부문의 현장평가에서 700점(1,000점 만점) 이상일 경우 현장평가 통과
  * 신용보증기금, 한국생산성본부, 기술보증기금의 전문평가자에 의한 현장평가 실시
  * 문의처 : (사)한국경영혁신중소기업협회 ☎ 1666-5001

▼

**확인서 발급**
- 중소벤처기업부 (해당기업의 본사 소재지 지방청에서 확인서 발급)

▼

**종합연계지원**
- 금융, R&D, 판로수출 등 정부부처 및 유관기관 사업 우대지원

## 지원 혜택

| 분야 | 지원내역 | 우대 사항 |
|---|---|---|
| 세제 | 정기세무 조사유예 | · 정기 세무조사 유예 (수도권2년, 지방3년간 유예)<br>* 단, 탈루혐의, 국세부과 제척기간 도래 시 제외 |
| | 관세조사 유예 | · 1년간 관세조사 유예 (별도 신청없이 관세청이 확인 후 적용)<br>* 단, 관세법 위반, 체납, 전년도 유예 기업은 제외 |
| | 세금포인트 적립우대 | · 국세청에서 부과하는 세금포인트 관련 적립 우대 (기존) 납부세금 10만원 당 1점 → (우대) 10만원 당 2점<br>· 납부기한 연장(최대 9개월 범위 내), 징수유예 등 납세담보 필요시 담보 면제에 세금포인트 사용 |
| 금융 | 금융지원 협약보증 | · 신용보증기금 보증료율 차감(0.1%)<br>  * 금융기관 금융지원 협약을 통한 우대 : 부분보증 비율 85%<br>· 서울보증보험 보증한도 확대 및 이행보증료 우대<br>  * 보증한도 신용등급별 우대 및 보증요율 10%할인<br>· NH농협 : 기업 대출시 금리우대 최대 1.65%p 차감<br>· 한국은행 : 혁신기업 지원 중소기업 지원 자금 *지역본부별 상이<br>· 신한금융투자 : 기업공개(IPO) 및 코넥스 상장 컨설팅, 자금조달 컨설팅, M&A 자문 및 인수금융 자금 지원, 부동산 PF 자문 및 금융 자문 등 |

| 정책 | R&D | · 기술자료 임치 수수료 1/3 감면<br>· Tech-Bridge 활용 상용화기술개발, 해외/인증 규격적합제품기술개발사업, 산학연cllabo R&D 사업, 구매조건부신제품개발사업, 스미트제조혁신기술개발사업, 기술유출방지시스템 구축, 스마트서비스 ICT솔루션 개발<br>· 글로벌 방산 강소기업 육성사업 가점 |
|---|---|---|
| | 판로·수출 | · 조달청 나라장터 물품구매 적격심사 가점(2점, 제조업2.5점)<br>· 조달청 나라장터 일반용역 적격심사 우대(신인도 평가1.5점)<br>· 수출 인큐베이터 수출바우처 메인비즈 기업 가점<br>· 글로벌 강소기업 육성사업 신청기준 완화<br>· 공영홈쇼핑(아임쇼핑) 우수제품 판매/홍보 시 우대<br>· 한국방송광고진흥공사 방송광고 지원(TV,라디오 70% 할인) |
| | 인력 및 기타 | · 중소기업연구인력 지원사업 공공연 연구인력 파견지원 우대<br>· 병역특례지원 가산점 |

개인사업자도 업력이 3년 이상이면 신청 가능하다. 개인사업자에서 법인사업자로 전환한 경우에도 신청 조건인

업력 3년에 개인사업 기간을 포함할 수 있다.

**\*참고 기관**
중소벤처기업부 기술혁신정책과 : 044-204-7746
(사)한국경영혁신중소기업협회 고객지원센터 : 1666-5001
전용정보사이트 : 메인비즈넷 (www.mainbiz.go.kr)
전화상담은 국번없이 1357, 정책정보는 기업마당(www.bizinfo.go.kr)